Tirso de Molina

Cómo han de ser
los amigos

Barcelona **2024**
Linkgua-ediciones.com

Créditos

Título original: Cómo han de ser los amigos.

© 2024, Red ediciones S.L.

e-mail: info@linkgua.com

Diseño de cubierta: Michel Mallard.

ISBN tapa dura: 978-84-1126-202-6.
ISBN rústica: 978-84-9816-488-6.
ISBN ebook: 978-84-9953-010-9.

Sumario

Brevísima presentación

La vida

Tirso de Molina (Madrid, 1583-Almazán, Soria, 1648). España. Se dice que era hijo bastardo del duque de Osuna, pero otros lo niegan. Se sabe poco de su vida hasta su ingreso como novicio en la Orden mercedaria en 1600 y su profesión al año siguiente en Guadalajara. Parece que había escrito comedias, al tiempo que viajaba por Galicia y Portugal. En 1614 sufrió su primer destierro de la corte por sus sátiras contra la nobleza. Dos años más tarde fue enviado a la Hispaniola (actual República Dominicana), regresó en 1618. Su vocación artística y su actitud contraria a los cenáculos culteranos no facilitó sus relaciones con las autoridades. En 1625, el Concejo de Castilla lo amonestó por escribir comedias y le prohibió volver a hacerlo bajo amenaza de excomunión. Desde entonces solo escribió tres nuevas piezas y consagró el resto de su vida a las tareas de la orden.

Personajes

El conde de Fox don Gastón
Don Manrique de Lara
Tamayo, lacayo
El Duque, viejo padre de doña Armesinda y doña Violante
Don Ramón, el conde de Tolosa
Tibaldo, caballero
Renato, caballero
Doña Armesinda
Doña Violante, su hermana.
El Rey de Aragón
Dos soldados
El rey de Navarra
Un Criado
Rosela, criada
El rey de Castilla don Alonso, el octavo

Jornada primera

(Salen don Gastón, conde de Fox, leyendo una carta, y don Manrique de Lara, de camino.)

Gastón

«En fin, han levantado los ricos
hombres y Grandes de Castilla por rey
a don Alonso octavo, y han podido tanto
con él las persuasiones de Fernán Ruiz
de Castro y de don Lope Díaz de Haro,
Señor de Vizcaya que, prendiendo a la
reina, su madre, ha desterrado de sus
reinos al conde don Pedro de Lara, el
mayor señor de ellos a quien por el
deudo y amistad que conmigo tiene he
favorecido y dado tierras en mi condado
de Urgel. Su hijo don Manrique, por sus
hazañas llamado el Torneador,
desnaturalizándose de toda España, se va
a favorecer de vuestra excelencia, por
la amistad que la casa de Fox ha tenido
siempre con la de Lara. La fama de sus
hazañas corresponde con su persona, a
cuya vista me remito, satisfecho que será
estimado como el valor de su sangre merece.
El cielo guarde el estado y vida de
vuestra excelencia, como deseo y ese
Condado de Fox ha menester. De Urgel,
y julio 8 de 1126 años. Jaime, conde de
Urgel.»

¡Válgame el cielo! ¿En mi casa
tengo al Conde don Manrique?
Su dicha el alma publique,

pues tan adelante pasa.
    Desde hoy, famoso español,
conociendo la ganancia
que ha de tener con vos Francia,
envidia me tendrá el Sol;
    pues yo sé de él que se honrara
la luz de su cuarta esfera,
si por su huésped tuviera
a don Manrique de Lara.
    Mas, pues yo solo merezco
la honra que me habéis dado,
la vida, hacienda y estado
con los brazos os ofrezco.

Manrique   Esos estimo de modo,
que el pecho que los recibe
se honrará en ver que en vos vive
el valor de Francia todo
    con ellos; y si hasta aquí
contra la Fortuna airada
de mi desdicha pasada
quejas inútiles di,
    ya, famoso don Gastón,
sus rigores agradezco,
pues que por ellos merezco
veros en esta ocasión.
    Pues si cuanto había perdido
en vuestra amistad he hallado,
si no fuera desdichado,
desdichado hubiera sido,
    perdiendo el no conoceros.

Gastón   Ya yo se que en cortesía
vencéis, como en valentía

a los demás caballeros;
y que en fe de que eso es llano,
si os llama vuestro valor
don Manrique el Torneador,
don Manrique el Castellano
los demás también os nombran;
pues porque todos os sigan,
vuestras razones obligan,
y vuestros hechos asombran.
Cesen encarecimientos,
que jamás la voluntad
gastó en la firme amistad
palabras ni cumplimientos,
y dadme despacio cuenta
de vuestra trágica historia.

Manrique   Aunque me dé su memoria,
pena, serviros intenta
el alma. Y porque las leyes
cumpla de esta obligación,
oíd; sabréis lo que son
las privanzas de los reyes.

Después que el célebre Alfonso
de Aragón y de Navarra
se hizo rey en Castilla
y emperador en España,
dio libelo de repudio
a la reina doña Urraca,
por ser parientes los dos,
si es que fue aquesta la causa.
Reinó en Castilla y León,
como reina propietaria,
algunos tiempos en paz,

mediante el consejo y canas
del conde don Pedro Anzures,
cuya prudencia y hazañas
darán en Valladolid
eterno nombre a su fama.
Mas muerto el conde, y sintiendo
las condiciones voltarias
de algunos grandes del reino
que una mujer sola y flaca
los gobernase, usurparon
por el rigor de las armas
las más importantes fuerzas
que las dos Castillas guardan.
Quiso acudir al remedio;
y así a don Pedro de Lara,
mi padre, manda que ponga
freno a su ambición tirana.
Hízolo, aunque con peligro,
sin que las fuerzas contrarias
de los rebeldes le hiciesen
volver al Temor la cara.
Puso freno a su soberbia,
venciendo en una batalla
a don Fernán Ruiz de Castro,
con el señor de Vizcaya,
don Lope de Haro y quedó
con aquesto respetada
doña Urraca, y reprimidas
sus inquietas arrogancias
Obligó tanto a la reina,
que pasando su privanza
de vasallo, a ser señor,
quiso ilustrar nuestra casa,
y hacerle rey de Castilla,

dándole mano y palabra
de esposa. ¿Veis qué ocasión,
si supiéramos gozalla?
Hubiera llegado a efecto,
si en secreto ejecutara
los intentos de la reina,
mi padre; mas su desgracia
y cortedad difirieron
nuestras dichas y esperanzas,
hasta que de estos sucesos
voló la parlera Fama.
Alborotáronse todos,
y puesta Castilla en armas,
a don Alfonso, el infante,
que en Galicia se criaba,
trujeron hasta Toledo;
y aunque en la edad tan temprana,
que los siete años cumplía,
por él pendones levantan,
y por rey todos le juran,
haciendo que a doña Urraca,
su madre ponga en prisión.
Llegó luego la privanza
de don Fernán Ruiz de Castro
a tanto, que por su causa
quitó el rey las fortalezas
y lugares de importancia
a mi padre; como fueron
Montes de Oca, Villafranca,
Villorado, Navarrete,
a Castrojeriz, a Anaya,
a Nájera, y otros pueblos
que ganaron las hazañas
de nuestros progenitores;

no parando su venganza
hasta echarle de Castilla,
desterrado. Huyó a Navarra,
y parando en Cataluña,
como pariente, le ampara
don Jaime, su primo, conde
de Urgel, Manresa y Cerdania,
hasta que torne a dar vuelta
el tiempo y fortuna varia.
No pudo mi inclinación
de que viéndome en España,
sufriese el ver mis contrarios
sobre las sublimes alas
de la privanza y favor
del rey; y por ganar fama
fuera de mi patria y tierra,
—madre un tiempo, y ya madrastra—
vengo, valeroso conde,
aquí, donde mis desgracias,
pues os conozco por ellas,
daré por bien empleadas.

Gastón   Aunque cual propias las siento,
no sé si el contento iguala
de teneros en mi tierra
a la pena que me causan.
Pero si ajenas desdichas
las propias dicen que ablandan,
y pueden mejor llevarse
las penas comunicadas,
algún tanto me consuelo
por poner freno a mis ansias
con vuestros males a medias.
¡Ay, don Manrique de Lara!

Grandes vaivenes han puesto
vuestra quietud en balanzas,
pero puede resistirlas
el valor que os acompaña.
Mas si rigores de celos
arrimaron sus escalas
la noche de la sospecha
a los muros de vuestra alma,
juzgad si serán mayores
tormentos sin esperanza
de remedio, siendo amor
quien me destruye y los causa.
Vi —nunca viera— en Narbona
la hermosura soberana
de Armesinda, hija del duque,
ignorando que se entrara
al alma, amor, por los ojos.
Pero ¡qué necia ignorancia
sabiendo que son Sinones
que meten el griego en casa!
Adoré su simulacro,
quemando sobre las aras
de su memoria, deseos,
aromas que en humo pasan.
Quise decirla mis penas,
mas faltáronme palabras.
¡Ved cuán avaro es Amor,
que aun el aire da por tasa!
Busqué medios pregoneros,
que son lenguas de quien ama;
rondé, serví, paseé,
de libreas rompí galas.
Entendióme, mas no pudo
o no quiso dar entrada

a imposibles pensamientos
y a inútiles esperanzas.
Bien digo, inútiles, pues
su padre, el duque, la casa
con don Ramón de Tolosa,
aunque dicen que forzada
la libertad de Armesinda.
Y si esto es así, ¡mal hayan
leyes, que la voluntad
siendo libre, hacen esclava!
Vi concertarse las bodas,
y llena de luto el alma,
a Fox me vine a morir,
guardando para mañana
las obsequias de mi muerte,
si mi persona no basta
a divertir la memoria
que en vivos celos me abrasa.

Manrique

Conde, imposibles de amor,
con ser imposibles, hallan
en los peligros, remedio,
y ventura en las desgracias.
No dejes de ir a Narbona,
que si aborrece tu dama
fuerzas de amor como es justo,
el cielo nos dará traza
como, aunque al conde matemos,
las hojas marchitas nazcan
de esa tu esperanza seca.

Gastón

¡Oh, ilustre valor de España!
con remedios imposibles
casi las heridas sanas

que me atormentan. Mas, vamos
que ya me promete el alma
por tu ocasión nueva dicha.
Mantenedor es mañana
de un torneo, el de Tolosa.

Manrique   Pues, Conde amigo, ¿que aguardas?
Entre todas mis desdichas
es la mayor que no hay armas
que hasta agora hayan sufrido
dos encuentros de mi lanza.
Entremos de aventureros;
verás caer la arrogancia
del de Tolosa a tus pies.

Gastón   Más prometen sus hazañas.

(Sale Tamayo, lacayo, con un harnero.)

Tamayo   El caballo lo hizo bien,
y quien lo contrario siente,
si es rasca frisones, miente,
y si es lacayo, también.

Manrique   ¿Qué es esto? ¡Ah, loco! ¡El ruin!
¡Ah, Tamayo! ¡Ah, majadero!

Tamayo   Y pregúntele al harnero,
si era más que un celemín
y si me le dio por tasa.
Basta decirlo Tamayo,
español protolacayo.

Manrique   ¿Piensas que estás en tu casa?

Calla, o vete noramala.

Tamayo   Para quien me escucha soy
hombre que mi razón doy.

Manrique   ¡Necio! Salte de la sala;
    vete a la caballeriza,
que está aquí el conde de Fox,
don Gastón.

Tamayo   ¿Aquí está, ox?
Cuando el hombre se encarniza
    es caballo desbocado.
Vuestra Excelencia me dé
los brazos, la mano, el pie,
que le soy aficionado,
    a fe de quien soy.

Manrique   ¡Ah, necio!

Tamayo   Y si fuere menester
le haré cualquiera placer,
porque de hacerlos me precio.

Gastón   ¿Quién es este?

Manrique   Es mi lacayo,
y tiene siempre este humor.

Gastón   No es por agüero peor.
¿Cómo te llamas?

Tamayo   Tamayo;
porque Mayo enamorado,

a lo que dicen, de mí,
el mismo mes que nací
estuvo determinado
   de robarme; y para aquesto,
sin advertir que lo veía
mi padre, me metió un día
entre las flores de un cesto;
   mas llegando como un rayo
mi airado padre, le dijo:
«¡Ta! ¡Mayo! dejad mi hijo.»
Y así me llamo Tamayo.

Gastón   Buen gusto tiene.

Manrique   Extremado.
Mas lo que tiene mejor
es, conde, la ley mayor
que tuvo a señor, criado.

Gastón   No es poco eso. Pues, Tamayo,
   ¿con quien el enojo ha sido?

Tamayo   Ya con nadie. Ahí han reñido
dos frisones con mi bayo.
   Dile un pienso de cebada;
mas, según le despachó,
que no era pienso pensó
Y como iba de picada,
   al más cercano caballo
le dijo: «Monsiur frisón,
yo tengo hambre; más razón
será pedirlo que hurtarlo.
   De ese medio celemín
he de comer la mitad

en buena conformidad».
Erizó el frisón la crin,
  y dándole un mordiscón,
le echó, en fin, como grosero,
tras un relincho un «no quiero».
Mi bayo, con la razón
  airado, aquesa arrogancia,
dijo: «Os costará pesares».
Y señalándole a pares
los doce pares de Francia,
  se metió entre los frisones;
y con ser pares los dos,
si no le apartan, por Dios,
que me los reduce a nones.
  Metióse en medio un gascón
con un palo a apaciguallo,
y sobre si mi caballo
o el suyo tuvo razón,
  llegó la pendencia, en fin,
a que, si no se repara,
casi le enceleminara
con el medio celemín
  los cascos. Y satisfecho
mi agravio, me salí afuera.
Ésta es la hazaña primera
que dentro de Francia he hecho.

Gastón   No dejaréis de aliviar
con este entretenimiento,
don Maririque, el pensamiento.
Vamos, que quiero aprestar
  las armas, porque a Narbona
partamos luego.

Manrique	El torneo satisfará tu deseo.
Tamayo	Si vas a tornear, perdona, que aventurero he de ser.
Gastón	Mucho me habéis agradado.
Tamayo	Téngame por muy criado, que lo sabré agradecer.

(Vanse todos. Salen doña Armesinda y Rosela.)

Armesinda	Si una fuerza resoluta quiebra a mi gusto las alas, ¿para qué me ofreces galas cuando el corazón se enluta? Rosela, en vano disputa tu lealtad, si al fin me fuerza a que mi inclinación tuerza y ame al conde, que no es roble la voluntad libre y noble para dar fruto por fuerza. ¿Qué importa, amiga Rosela, que me case aquesta tarde, si con lo que el conde se arde se enfría el alma y se hiela? Llega a la llama la vela, que aunque encenderse es su estilo, si el alma mojas o el hilo, al fuego resistirá. Pues ¿qué efecto amor hará donde es de nieve el pabilo?

Rosela   Alivio suele tener
              el tormento más terrible
              viendo el remedio imposible
              y que más no puede ser.
              ¿Hay pena como no ver?
              Pues al ciego aquesta pena
              la imaginación refrena
              de no poder cobrar vista.
              Tu pena el alma resista
              de mil imposibles llena.
              Si esta tarde has de casarte
              y tienes de ser esposa
              de don Ramón de Tolosa,
              ¿qué sirve desconsolarte?
              Lo imposible ha de animarte.

Armesinda   ¡Qué mal remedio me ofrece
              tu consejo! ¡Bien parece
              cuán poco experimentada
              estás! Lo adquirido enfada
              lo difícil se apetece.
              ¿No causa la privación
              apetito al deseo vario?

Rosela   La privación, de ordinario;
              pero no la negación.

Armesinda   Con tu frívola razón
              jamás mis penas gobierno,
              que a los que abrasa el infierno,
              con negárselas la gloria
              martiriza la memoria
              de ver que es su mal eterno.
              ¡Ay, Rosela! más tormento

tiene de darme el pensar
cuán tarde se ha de acabar
la pena que ahora siento.

Rosela   Entretén el pensamiento
con los dones naturales
de tu esposo, pues son tales,
que hay pocos que en gentileza,
en discreción y en nobleza
a don Ramón sean iguales.
   Si ama la voluntad
el bien, en el conde tienes
tantos números de bienes
que aborrecerle es crueldad.

Armesinda   Eso es dar en necedad.
Deja de buscar sainetes
al manjar que me prometes,
que sin ganas de comer
inútiles suelen ser
los más sabrosos banquetes.

(Sale doña Violante.)

Violante   ¿Qué es aquesto, hermosa hermana?
Cuando la fama en Narbona
tus desposorios pregona
y alegra su gente ufana;
cuando viendo lo que gana
con tan famoso heredero,
está el vulgo lisonjero
tan bizarro que, en la gala,
hoy el oficial se iguala
al grande y al caballero.

¿Tú, Armesinda, estás así,
siendo el todo de estas fiestas?

Armesinda   Violante, obsequias funestas
de mi libertad las di.

Violante   Ya tu esposo viene aquí
con toda la bizarría
de Francia, que aqueste día
honra el tálamo que esperas.

Armesinda   ¡Tálamo! ¡Mejor dijeras
túmulo, Violante mía.

Violante   ¿Túmulo? ¡Jesús, qué susto
me has dado! No quiera Dios,
sino que os gocéis los dos
por largos años, que es justo.

Armesinda   Quien tiene cautivo el gusto,
de la muerte es un trasunto.

Violante   Deja eso para otro punto.
Recibe a quien te honra hoy.

Armesinda   Sí haré, pues que muerta estoy,
que no hay honras sin difunto.

(Salen el Duque viejo, don Ramón con una lanza de tornear, Tibaldo y Renato, caballeros.)

Duque   Lanza de roquete basta.
Haced quitar la cuchilla.

Ramón   No he de quedar en la silla
                        menos, Señor, que con asta
                        de cuchilla de dos cortes.
                        Buena es aquesta y ligera.
                        Toma, y sea la primera
                        que me des.

(Dásela a un criado.)

Tibaldo   Aunque reportes
                        tu inclinación, el torneo
                        saldrá mas regocijado
                        si no fuere ensangrentado.

Ramón   Tibaldo, siempre deseo
                        hacer las cosas de veras.

Renato   Burlas de veras no son
                        apacibles, don Ramón,
                        que pesan las más ligeras.

Ramón   Hoy, que soy mantenedor,
                        pretendo de hacer mi gusto.
                        Mas, cese Marte robusto,
                        y hablen hazañas de Amor,
                            que aqueste es su tribunal.
                        Pues gozo de la presencia,
                        señora, de vuexcelencia,
                        aunque —ipor Dios!— que hable mal,
                            hable Marte, y haga alarde
                        de su bélico furor,
                        que si es hijo suyo Amor,
                        ni armas teme, ni es cobarde.
                            ¿Cómo está vuestra excelencia?

Armesinda (Aparte.) (¡Ay, cielos! ¿Cómo estará
quien sin libertad está?)

Ramón Es la amorosa presencia
cárcel de la voluntad.
Si la vuestra vive presa,
la misma prisión confiesa
mi rendida voluntad;
    aunque a imitación del ave,
desde pequeña encerrada,
que de la jaula quebrada
ni quiere salir ni sabe;
    de tal manera el deseo
vive alegre en la prisión,
que de ella saco invención
y letra para el torneo.
    Hecho Dédalo a Amor pinto,
que aquí, como en Creta, traza
los enredos con que enlaza
su confuso laberinto.
    Después a mí en medio de él,
que en fe de cuanto celebra
su prisión el alma, quiebra
mi libertad el cordel
    con que se libró Teseo;
y unos grillos a los pies,
con una letra después,
que explica así mi deseo:
    «Si el más esclavo, ése es rey
en las prisiones de amor,
cuanto más preso, mejor.»
Mirad si estoy a la ley
    que de la libertad priva

el alma que tenéis presa.

Duque Conde, Armesinda os confiesa
estar, como vos, cautiva.
Idos a armar, que ya es hora.

(Salen don Gastón, don Manrique y Tamayo.)

Gastón Corrida el alma quedara
si estas bodas celebrara
Armesinda, mi señora,
—Aymerico valeroso—
de mí, y tomara venganza
mi pena de mi tardanza.

Duque ¡Oh! Conde Fox, famoso,
quejas formaba al amor
que os tengo, viéndoos ausente,
siendo tan deudo y pariente;
mas ya con vuestro valor
el desposorio y torneo quedará
honrado en extremo.

Ramón Ya, ilustre don Gastón, temo
que llevándoos el trofeo
y alabanza de la fiesta,
no nos habéis de dejar
honra que poder ganar

Gastón La que Narbona os apresta,
basta que la suerte os rinda,
pues cuando otra no ganéis,
¿que mayor joya queréis
que por esposa a Armesinda?

(Hablan aparte Tamayo y don Manrique.)

Tamayo   ¿Cuándo nos han de alabar
                   a nosotros?

Manrique   No he querido,
                   Tamayo, ser conocido,
                   que importa el disimular.
                   A don Gastón he avisado
                   que aquí quien soy no publique.

Gastón   Vuelve, amigo don Manrique,
                   los ojos a aqueste lado,
                      y si eres águila mira
                   mi bella malmaridada.

(Hablan aparte doña Violante y doña Armesinda.)

Violante   Hasta aquí viví engañada.
                   Basta, que ha sido mentira
                      la fama que don Gastón
                   tuvo de tu pretendiente.
                   Creí yo que estaba ausente
                   desde que dio a don Ramón
                      el Duque, mi padre, el sí,
                   y, que lloraba memorias
                   de sus pretendidas glorias;
                   mas pues viene agora aquí
                      tan galán y cortesano,
                   venta fue de amor su pecho,
                   pues tan poca estancia ha hecho.

Armesinda   Como amó tarde, temprano

pudo, Violantc, arrancar
la raíz mal arraigada,
porque viéndome casada,
¿qué tenía que esperar?

Violante   Dime, a fe, cuando entendiste
su declarada pasión,
¿sacó fuego el eslabón
de amor con que te encendiste?

Armesinda   Aunque soy de pedernal,
no da fuego mi desdén.
¿Quiéresle tú bien?

Violante   Muy bien.
        ¿Y tú?

Armesinda   Yo, ni bien ni mal.

(Hablan aparte don Gastón y don Manrique.)

Gastón   ¿Qué te parece?

Manrique   No sé.
¿A cuál amas de las dos?
Pero, don Gastón, por Dios,
que desde que las miré
        estoy medio no sé cómo.

Gastón   Pues, don Manrique, primero
que te sientas medio entero,
porque ya recelos tomo,
        esta de lo blanco es
el blanco de mi tormento.

Manrique (Aparte.)	(¿Qué dices? ¡Ay pensamiento! Volvamos a casa, pues, por Dios, que al amor del agua me dejé casi llevar a donde no es poco hallar pie, ¿no es aquésa la fragua que al alma arroja centellas?)
Gastón	¿Será, pues, doña Violante?
Manrique (Aparte.)	(¡Ay, pensamiento arrogante, qué presto un alma atropellas! A no vencer la amistad que a don Gastón debo, presto hubiera su yugo puesto Amor a mi libertad. Ojos, yo os enfrenaré.)
Ramón	¿Famosa letra?
Duque	Extremada. ¿Y las colores?
Ramón	Leonada, verde y blanca.
Renato	¡Bien, a fe!
Armesinda	Hermana, ¿no has advertido en el mejor talle y gala de cuantos tiene esta sala?
Violante	Con don Gastón ha venido

un español en el traje,
digno de envidiarle el Sol.

Armesinda   Bastará ser español
para que se le aventaje.
  ¡No sé qué estrella me fuerza
a amar aquesta nación!
Mas ¡ay, imaginación!
si me han de casar por fuerza,
  ¿qué importan vanos deseos?

Ramón   Vamos, que me quiero armar.

Manrique (Aparte.) (Aunque no quiera mirar,
buscan los ojos rodeos
  con que se van enlazando
cada instante. ¿Hay tal belleza?)

Duque   Vamos, hijas.

Armesinda (Aparte.)   (¡Qué tristeza
la vida me va acabando!)
  Rosela, sabe quién es
este español, que deseo
un imposible.

Ramón   ¿Al torneo
saldréis?

Renato   Claro está.

Gastón   Después;
que quiero ser el postrero.

(A don Manrique.) Don Manrique, de la lanza

	vuestra pende mi esperanza.
Manrique	Cumplírosla luego espero.
Violante	Tierno te mira.
Armesinda	¿Qué quieres? Muerta voy. ¡Ay, españoles!, que entre íos hombres sois soles, y rayo entre las mujeres.

(Vanse entrando, ellas por un a parte, y ellos por otra, y míranse mucho Manrique y Armesinda, y al entrarse Tamayo le tira Rosela de la capa.)

Rosela	Oiga, hidalgo.
Tamayo	Yo soy ése, y clavo de vuesaucé
Rosela	¿Es español?
Tamayo	¿No lo ve?
Rosela	¿Y aquel caballero?
Tamayo	Aquese, una camarada es mía, que me suele acompañar detrás, y le suelo dar de comer.
Rosela	¡Buen humor cría el hombre! ¿Cómo se llama?

Tamayo	Yo, don Tamayo, monsiura,
	que, preso de esa hermosura,
	pretendo hoy mostrar la fama
	de Tamayo en el torneo.
Rosela	¿Y el nombre de su señor?
Tamayo	Don Manrique el Torneador,
	se llama, de Lara.
Rosela	Creo
	que tengo ya de él noticia.
	¿Y a qué ha venido a Narbona?
Tamayo	Pienso que cierta persona
	favorecerse cudicia
	de su amistad y valor.
Rosela	¿Cómo?
Tamayo	Comiendo.
Rosela	Decí
	esto, por amor de mi.
Tamayo	A dar al mantenedor
	cartas para la otra vida
	viene.
Rosela	¿Cómo?
Tamayo	Don Gastón,
	mostrando, como es razón,
	pena en que su amor impida

el de Tolosa, y forzada
la voluntad de Armesinda,
su padre, el duque, la rinda
a que viva malcasada,
   trae consigo a don Manrique,
a cuyo encuentro primero
no hay tan fuerte caballero
que a las cuarenta no pique.
   Por aquesto le dan nombre
de Torneador en España.

Rosela

Si él sale con esa hazaña
mucho hará.

Tamayo (Aparte.)

   (¡Mal haya el hombre
que de mi secreto fía!
Ya lo dije.) ¿Qué he de hacer?

Rosela

Pues yo se que podrá ser,
si iguala a su bizarría
   su esfuerzo, y al conde mata,
suceder en el lugar
del de Tolosa, a pesar
de quien usurparle trata
   lo que él solo ha merecido,
porque Armesinda... No más.

Tamayo (Aparte.)

(Volvióse la lengua atrás.)
Ya, señora, lo he entendido.

Rosela

No sepa esto don Gastón.

Tamayo

Serviros en callar quiero,
monsiura, un aventurero

que tiene hecho salpicón
el alma por vos, os pide
un favor para el torneo.

Rosela   ¿Qué favor queréis?

Tamayo   Deseo,
para que nunca os olvide,
   que quitándoos el chapín
un guante del pie me deis.

Rosela   ¿Guante del pie?

Tamayo   ¿No sabéis
que es ya guante el escarpín?

Rosela   Pues por él a casa vaya,
señor lacayo.

Tamayo   Sí haré.
(Aparte.)   (¡Ah! quién viera a vuesaucé
de este lacayo, lacaya.)

(Vanse Tamayo y Rosela. Salen Tibaldo y Renato, caballeros.)

Tibaldo   Digo, que el español que agora vino
con don Gastón de Fox, es don Manrique
de Lara, cuya fama le da nombre
de Torneador por excelencia.

Renato   Dicen
que no ha justado vez, que no haya muerto
al contrario.

Tibaldo	¡Notable fortaleza!
Renato	Por aquesta ocasión había jurado de no entrar más en justa ni en torneo.
Tibaldo	Pues no viene a otra cosa.
Renato	Así lo creo.
Tibaldo	Por eso darse a conocer no quiso al duque de Narbona.
Renato	El de Tolosa pienso que ha de dejar libre a su esposa.
Tibaldo	Digámosle el peligro en que está puesto.
Renato	¿Para qué? Si Armesinda le aborrece, como dicen, virtud será, que en pena de pretender gozar amor forzado, don Manrique le deje castigado.
Tibaldo	Ya ha rato que tornean. Venid, primo, a armarnos, que ya es hora que salgamos.
Renato	Algún suceso adverso espero. Vamos.

(Vanse Renato y Tibaldo. Salen doña Armesinda y Rosela.)

Armesinda	Fingí el desmayo, Rosela, quitándome del balcón por no ver la justa y tela; que, aunque justa don Ramon, su injusto amor me desvela.

Alborotóse la gente
del repentino accidente;
vínome mi padre a ver,
y aunque debió de entender
la causa, como es prudente,
    dejándome sosegar,
se volvió a ver el torneo.
Mas, ¿cómo he de reposar
siendo de azogue el deseo
que me ha venido a matar?
    ¿Que don Manrique de Lara
es, Rosela?

Rosela   El talle y cara
su mucho valor pregona.

Armesinda   ¿Qué a aqueso vino a Narbona?
¡Ay, cielo! ¡Si ejecutara
    mi esperanza en esta empresa,
Y con una muerte sola
hiciera mi dicha expresa!
Que tengo el alma española,
aunque la juzgas francesa.

Rosela   A instancia de don Gastón
viene.

Armesinda   ¿Y no de la afición
con que, cuando me miraba,
por los ojos me enseñaba
el alma y el corazón?
    No lo creas.

Rosela   Si el criado

                              no miente, aquesto es verdad.

Armesinda   Podrá ser que sin cuidado,
                   las leyes de la amistad
                   le hayan, Rosela, obligado
                      a que hoy muestre su valor;
                   pero yo sé que el rigor
                   de Amor, como a mi le abrasa
                   desde que entró en esta casa;
                   que ya me ha dicho su amor.

Rosela   ¿Pues hasle hablado de veras?

Armesinda   Contado me han los enojos
                   de sus ardientes quimeras
                   las dos niñas de sus ojos,
                   que en ser niñas son parleras.

Rosela   También yo he significado
                   tu nueva pena al criado.

Armesinda   No has hecho mal si es discreto,
                   que, como el fuego, el secreto
                   revienta si está encerrado.
(Tocan cajas dentro.)   Pero, ¿qué es esto?

Rosela   Imagino
                   que es algún aventurero.

(Sale don Gastón apadrinando a don Manrique, que sale a tornear. Saca
una banda en la cara y un paje con una tarjeta, y en ella la divisa del Conde,
de la suerte que dicen las coplas. Da la letra el Conde a Armesinda, y ella
la tomará con cortesía.)

Armesinda	¡Bravo talle!
Rosela	¡Peregrino!
Armesinda	Que es el español, infiero.
Rosela	Y don Gastón el padrino.
Armesinda	Mira la tarjeta.
Rosela	En ella

lleva una divisa bella.
Un caballero es, armado,
con la amistad abrazado,
que el niño amor atropella.

Armesinda (Aparte.)   Lee la letra. (¿Hay tal rigor?)

Rosela   «Vuestra afrenta siente amor;
mas, perdonad, que conmigo
puede más que amor, mi amigo.»

Armesinda   Salió cierto mi temor.
    Por don Gastón significa
que hace el valor resistencia
al amor que ya publica.
¡Ay, cielos! Dadme paciencia.

Rosela   Gallarda presencia.

Armesinda   Rica.

(Vanse, y al pasar echa don Manrique un papel en el suelo.)

Rosela	Un papel de industria echó en el suelo, don Manrique.

Armesinda	Muestra —¡ay, Dios!— si se atrevió su amor a hacer que publique su pena. ¿Abriréle? No, que lo que tardo en leelle privo a los ojos de velle. Quiero tornar al balcón. Amor, haz que a don Ramón y su arrogancia atropelle.

Rosela	Mira lo que viene en él.

Armesinda	¿Y después qué haré, ignorante, siendo conmigo cruel, si pierdo ver a mi amante, por leer este papel?

(Vase Armesinda.)

Rosela	¿Qué laberinto intrincado es éste, Amor, en que has puesto a Armesinda en tal cuidado? Mas no es nuevo en ti. ¿Qué es esto? Oigan, éste es el criado.

(Tocan cajas dentro. Sale Tamayo con un vestido de risa, con lanza. En el brazo de la lanza lleva una bacía de barbero, y debajo colgada una bolsa vacía; y en la otra mano una tarjeta, y en ella una ballena pintada, y colgada de la tarjeta una bota llena de vino. Pasa, y da la letra.)

Tamayo	[Aquí estamos ahora], monsiura, todos somos torneadores.

40

Rosela	¡Hay más graciosa figura!

Tamayo

A esto obligan los amores
de vuestra gran fermosura.
   Mirad la gala y adorno
con que de amor el buchorno
mis pensamientos penetra,
que luego veréis la letra
del torneo a donde torno.
   Porque hecho tornero, Amor,
torneando mi deseo,
si torna a hacerme favor,
seré un torno en el torneo
que tornearé alrededor;
   y si en el torneo trastorno
al torneador, hecho un torno,
este pecho torneado
tornará a veros, honrado,
como mula de retorno.

Rosela

¡Qué bien del vocablo juega!

Tamayo

¿No penetráis la intención?

Rosela

A declarármela llega.

Tamayo

Oíd su interpretación,
que a fe que es de una gallega.
   Una bacía de barbero
es ésta, y bolsa de cuero
estotra que pende de ella;
una bota aquesta, aquella
una ballena. Ahora quiero

daros la interpretación.
Porque esté la bota mía
llena, gasto mi ración
y siempre traigo vacía
la bolsa. Aquesta razón
    que traigo, Tamayo ordena
la bota con la ballena,
la bolsa con la bacía.
Lea, pues, franchota mía.

(Lee.)

Rosela   «Vacía, porque va llena.»

Tamayo   Porque va llena la bota,
la bolsa vacía va.

Rosela   De tu ingenio has dado nota.

Tamayo   Vueseñoría verá
una hazaña lacayota.

(Vanse Rosela y Tamayo. Hay ruido de armas. Salen don Manrique, don
Gastón y el Duque, Renato, Tibaldo Y guardas acuchillando a don Manrique
y don Gastón, y ellos retirándose.)

Duque   Matalde, que al de Tolosa
ha muerto

Manrique   Aquesto es injusto.
Si, según las leyes justo
del torneo, ¿es justa cosa
    que, porque al conde haya muerto,
me prendan, duque perjuro?

Gastón   ¿Así guardas el seguro
de estas fiestas?

Duque   Encubierto
veniste por darle muerte,
fiero español. Ya he sabido
quién eres; y pues has sido
quien en obsequias convierte
    las bodas de don Ramón,
si porfía en resistirse,
matadle, que el encubrirse
especie fue de traición.

Gastón   ¡Ah tirano! ¿de este modo
quieres que el mundo publique
tu infamia?

Duque   Con don Manrique
prended al de Fox y todo,
    que él toda la causa ha sido
de esta desgracia.

Manrique   El valor
de España me da favor.
Muerto, pero no vencido
    me traerán a tu presencia.
Don Gastón, mis pasos sigue.

(Retíranse los dos y van tras ellos los guardas.)

Renato   Espántome que le obligue
la pasión a vuexcelencia
    para hacer tal.

43

| Duque | Dadle alcance, |
| | o matadle, o moriré. |

Tibaldo   Mira, gran Señor, que fue
el torneo a todo trance.
    Si con hierro de dos cortes
quiso justar don Ramón,
y le han muerto, ¿qué razón
hay porque no te reportes?

Duque   ¡Mal haya el torneo y lanza
De tal valor homicida!

(Sale doña Armesinda.)

Armesinda (Aparte.)   (Alegre por ver cumplida
mi libertad y esperanza
    vengo, pero el sentimiento
aunque fingido, es forzoso.
Si llorare al muerto esposo,
alma, decidles que miento.)
    ¡Ay, de mí!

Duque   De estos enojos
tú eres toda la ocasión.
Por ti han muerto a don Ramón.

Armesinda   Testigos serán los ojos,
    señor, si el alma ha sentido
esta desgracia cruel.

(Hace doña Armesinda que se entristece y cáesele el papel que le dio don Manrique.)

Duque (Aparte.)   Lloras falsa? (¿Qué papel
                     es el que se le ha caído?)

Armesinda   ¡Ay cielos!

Duque   Mostrad, veré
                     lo que dice.

Armesinda (Aparte.)   (El que me dio
                     don Manrique es. ¡Triste yo!
                     Ya de veras lloraré.)

(Lee el Duque la carta.)

Duque   «Tres cosas me han obligado a quebrar
                     el juramento que me forzaron a hacer
                     las desgracias que siempre en las fiestas
                     y torneos me han sucedido. La primera es
                     saber que el conde de Tolosa ha obligado
                     la voluntad de vuestro padre, el duque,
                     a que os case con él. La segunda, la
                     amistad que debo al Conde de Fox —cuyos
                     deseos merecen, Señora, ser por vos
                     premiados, por no haber jamás excedido
                     de las leyes que un lícito amor permite—
                     y la tercera, aunque es la principal,
                     quiero callarla, por no ofender a la
                     segunda. Rogad, Señora, al cielo cumpla
                     vuestra esperanza y el deseo que de
                     serviros tengo. Don Manrique de Lara.»

Duque   Mirad si fue mi recelo
                     cierto —iah, tirana!— por ti

murió don Ramón así.
Pero —¡cruel!— vive el cielo
　que he de tenerte en prisión
mientras que tuvieren vida
el español homicida,
y su amigo don Gastón.
　Llevalda a una fortaleza,
y las llaves me entregad.

Renato　　　　　¡Señor!

Duque　　　　　　　Llevadla; ¡acabad!

Tibaldo　　　　　¡Señor!

Duque　　　　　　　¡Mal haya belleza
　tan cara!

Armesinda　　　　　　Cualquier prisión
alegre el alma recibe,
pues que don Manrique vive
y ya murió don Ramón

(Llevan a Armesinda. Sale Tamayo, con la bacía de barbero y espada desnuda.)

Tamayo　　　　　Algún diablo me ha metido
en dibujos. Di Tamayo,
¿tú torneador y lacayo?
Don Manrique, se ha perdido,
　y yo —si el duque me coje—
he de pagar por los dos.
Bacía, escondedme vos,
aunque las barbas me moje.

Nunca más Francia tornero.

(Pónese la bacía.)

Duque   ¿Qué hombre es éste?

Tamayo   Yo, señor.

Duque   Prendedle

Tamayo   Ten el rigor.

Duque   ¿Quién sois?

Tamayo   Un pobre barbero
que vengo a sangrar a un músico
digo, un criado que agora
murió por quien Francia llora.
La bacía te hará cierto
de que a sangrarle venía.

Duque   ¡Echad este loco!

Tamayo   Bueno.
¡Vive Dios que voy relleno!
Mamóla el duque, bacía.

(Vase Tamayo. Salen los guardas.)

Guarda   Tan grande el esfuerzo ha sido
del valeroso español,
que, con la ausencia del Sol,
la noche ha favorecido
su vida, Señor, de suerte,

que al fin se nos ha escapado.
Solo el de Fox ha quedado,
tan herido, que a la muerte
    está.

Duque   Pues ponedle preso,
y seguid este enemigo,
que con público castigo
ha de pagarme ese exceso.

Fin de la primera jornada

Jornada segunda

(Salen don Manrique y el rey de Navarra.)

Manrique   Don Guillén de Tolosa, cuyo estado,
como hermano, heredó del conde muerto,
viendo al de Fox, mi amigo, aprisionado,
su dañada intención ha descubierto,
porque con Aymerico concertado
que guarde a don Gastón, tiene por cierto,
después que a Fox y su condado rinda,
ser dueño de Narbona y de Armesinda.
    Hásela el duque viejo prometido,
y hasta que ella dé el sí de ser su esposa,
la tiene en un castillo, donde ha sido
Armesinda tan firme como hermosa;
porque aunque a nadie el Duque ha permitido
visitarla, sino es al de Tolosa,
ni que la sirva más que una doncella,
no puede persuadirla ni vencella.
    Aquesto, gran señor pasa en Narbona.
Amigo soy de don Gastón; y tanto,
que por la libertad de su persona
daré la vida. Pues el cielo santo
de Aragón te ha entregado la corona,
con que tu nombre al moro causa espanto
y obedecerte aqueste reino miro
por sucesor del monje don Ramiro.
    Así pise las lunas africanas
la victoriosa cruz de tus banderas,
desterrando las barras catalanas
al sarraceno vil de sus riberas,
que el nombre que de justo y largo ganas,
con don Gastón mostralle agora quieras,

dándome gente y armas, con que pueda
su estado defender, que a riesgo queda.
   Perderá el de Tolosa su arrogancia,
y partiendo a Narbona en son de guerra,
las lises quitaré, que le dio Francia,
y las barras pondré de aquesta tierra.
   Gozarás a Narbona, si a tu instancia
al Duque venzo, que la paz destierra,
y libre don Gastón, será testigo
de lo que vale un verdadero amigo.

Navarra   Don Manrique, el amor que os he cobrado
a vos y a vuestro padre, el conde muerto,
por el rey de Castilla desterrado,
y admitido en mi reino, os hará cierto
cuanto deseo, que al antiguo estado
de Castilla volváis; y tornen puerto
allí vuestros trabajos; mas recelo
que aun no quiere aplacar su enojo el cielo.
   Con el rey de Castúla, Alfonso Octavo,
por cartas he tratado que os reciba
en su gracia, mas lleva por el cabo
la envidia a su rigor desde que priva
con él don Lope de Haro, y temo al cabo
que ha de ser imposible, mientras viva
su enojo, y de don Lope la privanza,
cumplir vuestra quietud y mi esperanza.
   Quisiera, don Manrique, para aquesto
que, restaurando parte del estado
que habéis perdido, os viera otra vez puesto
   conforme merecéis. Pues el condado,
de Fox está en peligro manifiesto,
preso su conde, y él casi usurpado,
gozad de la ocasión. Yo os daré gente

con que quede por vuestro fácilmente.
A mí me está esto bien, porque es frontera
Fox, de Aragón y, su áspera montaña,
por donde Francia ha hecho guerra fiera
diversas veces a Aragón y a España.
Por aquesta razón, Conde, quisiera
que, sacando mis gentes en campana,
ganárades a Fox, que así procuro,
que estemos, vos honrado y yo seguro.

Manrique   Señor, si la amistad que he profesado
con don Gastón, permite, estando preso,
tan grande ingratitud, que su condado
le usurpe...

Navarra   Don Manrique, dejaos de eso;
mi amigo sois también; determinado
tengo de hacer matarle, que os confeso
que las guerras que ha hecho a esta corona
piden satisfacción de su persona.
Si estimáis mi amistad más que la suya,
yo haré que, despreciando al de Tolosa,
su hija el de Narbona os restituya
y, conquistando a Fox, sea vuestra esposa.

Manrique   Primero el cielo santo me destruya,
que, siendo yo su amigo, haga tal cosa.

Navarra   Perderéis, no cumpliendo lo que os digo,
por un amigo conde, un rey amigo.

(Vase el rey de Navarra.)

Manrique   ¡Qué notable tentación

ha combatido mi pecho!
La honra con el provecho
grandes enemigos son.
Si ha de morir don Gastón,
sin que le dé libertad
de Aymerico la crueldad
con que mis ruegos resiste,
porque su estado conquiste
¿en qué agravio su amistad?

    Mas —¡Oh, civil pensamiento!—
¿tal comunicas conmigo?
Preso don Gastón, mi amigo,
su hacienda usurparle intento?
Quimeras sin fundamento
son; mas, si en prisión cruel
muere, ¿qué he de hacer? Ser fiel,
y a pesar de armas y miedo,
libertarle; y si no puedo,
morir en prisión con él.

    ¿Mandólo el rey de Aragón?
Cuando el amigo es de ley
atropella vida y rey.
¿Que importa, si entrambos son
amigos? La obligación
que tengo al rey, y su amor
no ha de manchar mi valor,
para que su intento siga,
que no es amigo el que obliga
a su amigo a ser traidor.

    Estas consecuencias claras,
por más seguras elijo,
que bien dijo aquél que dijo:
«El amigo hasta las aras.»
Mas —¡ay, alma!—. ¿No reparas

que a Armesinda me han de dar?
Gran premio, no hay que dudar;
porque si se ha de romper
la amistad, solo ha de ser
por amor o por reinar.
    Interés y amor me llama
pero, en fin, soy don Manrique;
padezca yo, y no publique
de mí tal caso la fama.
Amo a quien amigo ama,
sin poder mi libertad
olvidar tanta beldad;
pero atorménteme y muera
mi amor, como quede entera
la ley de nuestra amistad.

(Sale Tamayo.)

Tamayo   ¡Válgame Dios! Y qué a pique
de morir está un lacayo,
si anda cual yo!

Manrique   Tamayo.

Tamayo   ¡Pardiez! señor don Manrique
    que no lleguemos a nietos
con esta vida en Narbona.
Ayer se vio la persona
en temerarios aprietos.
    No soy bueno para espía.
Mándame tú que haga plaza
del mandil y la almohaza,
o que juegue todo un día
    y la noche, aunque a mi padre

pierda, y no me mandes ser
podenco de una mujer;
que no pare y es mi madre.
¡Bravas cosas hay de nuevo!

Manrique   ¿Cómo? ¿Hablaste a don Gastón?

Tamayo   ¡Sí! ¡Bonica es la prisión,
y bonico es el mancebo!
   Ahí tenemos en el arca
otra vida. No hay entrar
una mosca en el lugar;
y por toda su comarca
   se publica que eres muerto.

Manrique   ¿Que soy muerto?

Tamayo   Sí; y también
que en volviendo don Guillén
de Fox, que dicen que es cierto
   el haberse apoderado
de su injusta posesión,
le darán a don Gastón
despachos en un bocado.

Manrique   ¿Que soy muerto yo?

Tamayo   Tú, pues.
Y aunque entonces lo creí,
y mandé decir por ti
un real de misas, después
   que vi a Rosela quedé
desengañado y corrido.
Dice, que el haber fingido

el duque tu muerte, fue
   porque Armesinda te adora,
desde que a Narbona fuiste
y muerte a don Ramón diste,
como a su Endimión la Aurora.
   Tiénela su padre presa
hasta que dé el sí de esposa
A don Guillén de Tolosa;
y como a voces confiesa
   que don Manrique de Lara
solo su esposo ha de ser,
tu muerte finge, por ver
si así su mal se repara
   y de su amor la revoca.

Manrique   ¡Qué! ¿Por eso lo ha fingido?

Tamayo   Sí; mas tan mal le ha salido
la traza, que, como loca,
   sin que a nadie comunique,
no hay en la torre lugar
donde no vaya a buscar
su Torneador don Manrique.
   Esto de Rosela sé.

Manrique   ¡Qué! ¿Tan de veras me ama?

Tamayo   Digo que a voces te llama.

Manrique   Tamayo amigo ¿qué haré?

Tamayo   Buscar algún hechicero
que te lleve por el viento,
por arte de encantamiento,

	que yo no oso ni quiero
	meterme más en dibujos.
Manrique	¡Ay! ¡Quién la desengañara!
Tamayo	Pues, don Manrique de Lara,
	si eso intentas, busca brujos,
	que en Navarra y Aragón
	no faltan, y cumplirán
	tu deseo.
Manrique	En fin, ¿que están
	resueltos que don Gastón
	muera?
Tamayo	Como te lo cuento.
Manrique	No saldrán con su crueldad.
	¡Mostrad quien sois, amistad!
	¡Ah! ¡Fuera, vil pensamiento;
	que ha de vivir don Gastón,
	y de Armesinda ha de ser
	esposo, con el poder
	y armas del Rey de Aragón;
	que, pues favor me ha ofrecido
	como le usurpe el condado,
	diré que, determinado
	de darle gusto, he querido
	ganar a Fox y a Narbona.
	Combatiré hasta sacar
	libre a don Gastón, y dar
	señales de que me abona
	sangre de Lara y valor
	de España, porque después

sepan que pisan mis pies
al interés y al amor.
   Tamayo, tú has de dar traza
como sepa que no he muerto
Armesinda.

Tamayo   ¿Yo? Por cierto
que cogiste linda maza.
   ¿Cómo será eso posible,
si el duque tiene las llaves
de la prisión, como sabes?
Haz tú que sea invisible,
   o dame la traza y modo,
pues que el peligro me das.

Manrique   Tú, Tamayo, la hallarás,
que eres hombre para todo.
   Esto importa, y me está bien
que si me tiene por muerto,
es mujer, y será cierto
el serlo de don Guillén.

Tamayo   Mas, que me tienen de dar
un zaparrazo por ti,
extraño.

Manrique   Haz esto por mí.
Y vamos, que voy a hablar
   al rey, por dar a un amigo
vida y libertad.

Tamayo   Yo voy
a Narbona a morir hoy.
¡San Nuflo vaya conmigo!

(Vanse don Manrique y Tamayo. Salen doña Violante, y don Gastón en la prisión.)

Violante   No me agradezcas a mí,
don Gastón, este favor;
agradécelo al amor,
que, aunque quejosa de ti,
   la industria para librarte
que ves agora me ha dado.
Mi padre, contigo airado,
manda al alcaide matarte
   esta noche, y a mi instancia,
dando garrote a otro preso
por ti, te libró.

Gastón   Confieso
que eres la lealtad de Francia.
   Confieso, doña Violante,
que a poder mi voluntad
usar de su libertad,
quedara con ser tu amante,
   en la obligación mayor
que un hombre puede tener;
pero, ¿cómo puede ser
si a Armesinda tengo amor?
   Echóse sobre la hacienda
por ser acreedor primero;
y así, aunque pagarte quiero
si no es que palabras venda,
   que son solas las alhajas
que me han quedado, no sé
como pagarte podré,
que en palabras pago en pajas.

Violante	Don Gastón, no quiero más
	de que a tu estado te vuelvas
	y que en el alma resuelvas
	la obligación en que estás
	a mi amor, ya que mi hermana,
	tan lejos de amarte vive,
	que solo admite y recibe
	una pretensión villana
	de un falso amigo que tienes,
	con quien mi padre la casa.
Gastón	¡Ay, cielos! Si aquesto pasa,
	¿por qué a darme vida vienes?
	Morirme fuera mejor.
Violante (Aparte.)	(Celos ¿qué vais a decir?
	Mas, si vive de mentir
	y engañar siempre el Amor,
	con una mentira quiero
	probar si a Armesinda olvida
	don Gastón, que aborrecida,
	alegre suceso espero.)
Gastón	¿Es don Manrique de Lara
	el amigo que me vende?
Violante	Ése a Armesinda pretende,
	y solamente repara
	en que vivas, don Gastón;
	y así la ocasión ha sido
	de matarte. Ha intercedido
	por él, el rey de Aragón,
	y mi padre, a instancia suya,

	despreciando al de Tolosa,
	se la ofrece por esposa.
Gastón	¡Válgame Dios! ¡Que destruya
	el interés tal amor,
	tanta fe, tanta amistad,
	tanta nobleza y lealtad,
	tanto esfuerzo y tal valor!
	¡Manrique!...¡ah, ingratos cielos!
Violante	En notable riesgo estás,
	si aquí te detienes más.
Gastón	¡Manrique!... ¡ay, rabia ¡ay, celos
Violante	Vete a Fox, y en él advierte
	que te di, Conde, la vida.

(Vase doña Violante.)

Gastón	Mientes. Tú eres mi homicida.
	¿Aquésta es vida? Ésta es muerte.
	Falsa amistad, ladrón disimulado,
	que lisonjea al que robar procura;
	perro que halaga lo que el manjar dura,
	para morder después que está acabado.
	¿Cómo es posible que hayas derribado
	con el vano interés de una hermosura
	la más firme amistad y más segura
	que Francia vio jamás y España ha dado?
	Labra en palacio en el verano el nido
	la golondrina, que parece eterno,
	mas huye en el invierno y busca abrigo.

De la falsa amistad símbolo ha sido.
Labró el verano, pero huyó el invierno
de mis trabajos el mayor amigo.

(Vase don Gastón. Salen Tamayo y Rosela.)

Rosela
De manera lo ha sentido,
y tan fuera de sí está,
que al duque le pesa ya
de haber su muerte fingido.
　　Teme que ha de enloquecer,
y aunque más la desengaña,
que vive y que está en España,
no hay persuadirla a creer,
　　sino que con don Gastón
murió también don Manrique.

Tamayo (Aparte.)
(No sé que traza fabrique
para entrar en la prisión.)
　　¿En fin, que la crueldad
de Aymerico llegó a tanto
que al de Fox mató?

Rosela
　　　　　　　　Es espanto;
no hay persona en la ciudad
　　que su muerte malograda
no sienta en extremo.

Tamayo
　　　　　　　　Y bien;
¿piensa salir don Guillén
con la traza concertada?

Rosela
En conquistando el condado
de Fox, se desposará

                    con Armesinda.

Tamayo   Si hará,
si no vuelve trasquilado.
    Don Manrique, mi señor,
parte a su defensa, y lleva
diez mil soldados a prueba
de lealtad y de valor.
    Y pues don Gastón es muerto
sin herederos, sin duda
que luego a Narbona acuda;
y en viniendo, ten por cierto
    que, vengando a don Gastón,
será duque de Narbona.
Y para honrar mi persona,
dicen que tiene intención,
    armándome caballero,
de hacerme caballerizo
mayor; y aunque sea postizo
el cargo, contigo quiero
    casarme! que eres rolliza.

Rosela   ¿Conmigo?

Tamayo   Mi fe te doy,
si caballerizo soy,
que has de ser caballeriza.
    En pago de esto quisiera
.   que a Armesinda consolaras
y que la desengañaras.

Rosela   Tamayo, aqueso es quimera.
    Ni me ha de creer, ni puedo
entrar a verla ni hablarla.

Tamayo	¿Pues cómo podré avisarla? ¿qué mujer hay, que un enredo no sepa para advertirla que mi señor vivo está?
Rosela	De ninguno lo creerá mejor que de ti.
Tamayo	A decirla vengo aquesto de Aragón. Pero ¿qué traza ha de haber para hablarla, si ha de ser entrando yo en la prisión, y no sabiendo volar?
Rosela	Guardándola el duque tanto, no sé como.
Tamayo	Haz tú un encanto.
Rosela	Ten ánimo para entrar dentro en un cofre cerrado que de vestidos la envío, y hablarásla.
Tamayo	¿Cómo? Un frío de miedo el alma me ha dado. ¿Yo en cofre?
Rosela	Si tan leal eres siempre a tu señor, no es mucho esto.

Tamayo	De temor

Tamayo
                                              De temor
me suele venir un mal,
   siempre que estoy encerrado,
con que se me ablanda el vientre.
Si me viene después que entre,
y estoy vivo embalsamado,
   ¿gustarás de verme así?

Rosela
Hoy le tienen de llevar.
Si te quieres arriesgar,
famosa traza te di.
   Determínate, Tamayo.

Tamayo
Vamos, tornaré sudores.
¿A qué no obligáis, señores,
a un leal y fiel lacayo?

Rosela
   Ven a enterrarte.

Tamayo
                                En salud
me llevan.

Rosela
                ¿Eso te espanta?

Tamayo
Mi sacristán eres. Canta
cuando esté en el ataúd.

(Vanse Tamayo y Rosela. Sale un alarde de soldados, tocando primero dentro un tambor, y don Manrique detrás, con bastón de general.)

Manrique
¡El Conde don Gastón muerto, y su amigo
con vida, y sin que tome la venganza
del homicida un ejemplar castigo!
   ¡Oh, Duque fiero! espera, que si alcanza

a tu Narbona el fuego de mi furia,
no lograrás tu inútil esperanza.

¿Qué alarbe, qué villano de Liguria,
por la codicia de un condado, hiciera
a su mismo valor tan grande injuria?

A Fox he defendido, y defendiera
de tu avara ambición el mundo todo,
por más que el de Tolosa se opusiera.

Presto verás, si escalas acomodo
a tus cobardes muros, que en España
soy heredero del esfuerzo godo.

Manrique y Lara soy. Si en sangre baña
mi enojo tu ciudad, y no perdona
niños y viejos mi sangrienta hazaña,

no te espantes. Marchemos a Narbona,
que la sangre del conde a voces pide
venganza de la muerte que pregona.

El Duque muera; aunque mi amor olvide
a Armesinda, que no hay amor que ablande
pecho donde un fiel amigo reside.

Castigo grande pide injuria grande;
mas —iay, cielos crueles!— ¿qué castigo
[-ande]
la muerte vengará de tal amigo?
[-ego]
[-igo.]

Soldado I   Famoso don Manrique, marcha luego.
Mete a saco a Narbona; muestra a Francia
tu valor, y la guerra a sangre y fuego;

que pues el de Tolosa y su arrogancia
huyó furioso, y Fox por tuyo queda,
ser tus soldados, es nuestra ganancia.

Soldado II   Aunque el rey de Aragón quejarse pueda
que contra el duque de Narbona vamos,
cuya antigua amistad la guerra veda,
    es tan grande el amor que te cobramos,
y tan grande del duque fue el exceso,
que tu gusto y su muerte procuramos.

Manrique   Cuando el rey sepa, amigos, el suceso,
aunque era don Gastón contrario suyo,
confesará el agravio que confieso.
    De su valor, su justo enojo arguyo.
Marchemos a Narbona, y sus despojos
gozad mientras me vengo y la destruyo.
    Doblad banderas y estandartes rojos;
sacad pendones negros, y entapicen
los vientos la color de mis enojos.
    El destemplado parche solemnice
las obsequias y el luto que merece
mi amigo malogrado y infelice,
    que contra el fiero duque el cielo
ofrece un castigo cruel; mas, ¿qué castigo
la muerte vengará de tal amigo?

(Vanse todos. Sale doña Armesinda sola.)

Armesinda   Ya, aunque libertad me den,
no la querrá mi firmeza,
que libertad y tristeza
pocas veces dicen bien.
Llore el conde don Guillén;
podrá ser me ablande así
que como cuanto hay en mí
es llanto, pena y dolor,
vestido de mi color,

quizá me obligará a un sí.
   Mas ¿para qué ha de querer
el sí de un alma, trasunto
del sepulcro de un difunto
cuya vida solía ser?
Ojos, ya es hora de hacer
los funerales oficios,
de vuestro pesar indicios,
pues funda en vos cada día
Amor la capellanía
de estos tristes ejercicios.

(Descúbrese un cofre en que estará Tamayo; va respondiendo, sacando la cabeza y tornándola a meter. Prosigue Armesinda.)

Armesinda   ¿Es posible que murió
                   don Manrique, y que estoy viva,
                   cuando de su luz me priva
                   la muerte, que le eclipsó?
                   Lengua, responded que no,
                   y engañadme un rato así.
                   ¿Vive? Decid que sí.

Tamayo   Sí.

Armesinda   ¡Ay, cielos! ¿Quién respondió
                   el si que el alma oyó?

Tamayo   Yo.

Armesinda   ¡Válgame Dios! ¡Con qué miedo
                   oyendo esto quedo!

Tamayo   Quedo.

Armesinda	¿Huiré de aquí? Mas, no.
Tamayo	No.
Armesinda	¿Hay más temeroso ensayo? Voz, que mi muerte difieres, di, ¿soy yo quien eres?
Tamayo	Eres.
Armesinda	¿Y tú?... Desmayo...
Tamayo	Tamayo.
Armesinda	¿Quién es Tamayo?
Tamayo	Lacayo.
Armesinda	¡Válgame el cielo! ¿Hay tal cosa? No oso hablar de medrosa.
Tamayo	Osa.
Armesinda	Voz, ¿de dónde me has hablado?
Tamayo	¿Adónde estás? Embaulado.
Armesinda	De oirle estoy temerosa. Que perdí el seso imagino. ¿Si es esto algún frenesí? Mas, no. ¿Qué quieres de mí, voz, que a mi mal vino?

Tamayo	Vino.

Armesinda	Sin duda que desatino

(Sale Tamayo del cofre.)

Tamayo

Vino quiero y vino pido,
—¡cuerpo de Dios!— que embutido
en un baúl más de un hora,
por solo hablaros, señora,
ni he comido ni he bebido.

Armesinda

¡Ay, Jesús! ¿Quién eres, hombre?
¿Cómo entraste aquí?

Tamayo

No sé.
En arca, como Noé.
Tamayo soy no se asombre.
　Don Manrique, mi señor,
tiene de vivir más años,
a pesar de los engaños
de tu padre, que Nestor.
　A esto solo me ha enviado.
Con las armas de Aragón
va a tomar la posesión
de aquel famoso condado,
　que será suyo, por muerte
del conde, su gran amigo;
y a mí, que siempre le obligo
con hazañas de esta suerte,
　en el cofre que Rosela
de vestidos te envió,
mi industria me sepultó.
Agradece mi cautela

y dame albricias.

Armesinda   Si es cierto
que mi español vivo está,
cualquiera joya será
de poco precio.

Tamayo   No es muerto.

Armesinda   Toma este diamante; ten
esta cadena, este anillo;
torna aqueste cabestrillo
y aquestas perlas también.

Tamayo   ¡Cuerpo de Dios, y qué rico
quedo esta vez!

Duque (Dentro.)   ¡Abrí aquí!

Armesinda   Éste es mi padre, ¡ay de mí!

Tamayo   ¿Quién? ¿Cómo?

Armesinda   El Duque Aymerico.

Tamayo   De esta vez me hace gormar
oro y joyas. San Onofre,
ayudadme, que en mi cofre
quiero tornarme a embaular.

(Métese Tamayo en el cofre. Salen el Duque y doña Violante.)

Duque   Notable es la confusión
en que estoy puesto, Violante.

Si aquesto pasa adelante,
temo la justa pasión
   que don Manrique de Lara
muestra por su amigo, el conde.

Armesinda   ¡Señor!

Duque   Hija, hoy corresponde
la Fortuna, hasta aquí avara
   con tu gusto. Aquí me escribe
y manda el rey de Aragón
que acudiendo a la afición
de don Manrique, que vive,
   aunque lo contrario dije,
te despose con él luego.
Yo quiero cumplir su ruego
y tu gusto, que me aflige
   el ver venir a Narbona
don Manrique, en son de guerra,
destruyéndome la tierra
de suerte, que no perdona
   la vejez ni la puericia
que su rigor fiero alcanza,
diciendo que es en venganza
del conde y de mi injusticia.
   Algún gran daño recelo,
que me coge descuidado,
y un español enojado
es ira y rayo del cielo.

Armesinda   ¿Sabe él que gustas, señor,
que sea mi esposo?

Duque   Sí.

Armesinda	¿Pues tan poco fías de mí
	y tan poco puede amor?
	  ¡Bravatas son españolas!
	Pasen tempestad y truenos,
	verás los cielos serenos,
	y el mar amansar sus olas.
	  Yo quiero desenojarle.

Violante	Eso mejor lo haré yo, que Don Gastón no murió.
Duque	¿Cómo?
Violante	Si juras de darle por esposa a Don Manrique, como dices, a mi hermana, yo haré que venga mañana a tus pies, Y que publique pesarle haberte enojado.
Duque	Yo lo juro. Pero di, ¿Don Gastón es vivo?
Violante	Sí; por mi industria se ha librado de tu rigor, dando muerte el alcaide a otro por él.
Duque	Confieso que fui cruel. Contento estoy de esa suerte. Mañana entrará en Narbona: estarás, hija, avisada.

Armesinda	¡Cielo eres, prisión amada!
Duque	Violante, por tu persona 　quedará libre mi estado de la cólera española; siendo bastante ella sola a venceros. Obligado 　voy. Hazle luego avisar, que yo quiero responder al Rey.
Armesinda	Volvióse en placer mi temeroso pesar.
Violante (Aparte.)	(Esta vez de don Gastón he de ser esposa.)

(Vase doña Violante y al irse el Duque, vuelve a salir Tamayo, y cógele el Duque en el cofre, con los pies de fuera.)

Tamayo	¿Fuese?
Armesinda	Sí, tal.
Tamayo	Mas si acá volviese
Duque	Así Armesinda, razón 　será... ¿Qué es aquesto? Espera.
Tamayo	Cogióme vivo ¡por Dios!
Duque	¿Qué hacéis aquí? ¿Quién sois vos?
Tamayo	Un lacayo en su vasera.

(Aparte.)   (El diablo mi suerte ordena.)

Duque   ¿Quién sois?

Tamayo (Aparte.)   (Ya no vivo más.)
                           Yo, señor, soy un Jonás,
                           y este cofre es mi ballena.

Armesinda   Criado es de don Manrique,
                           que, con aquesta invención,
                           entró agora en mi prisión
                           para que me certifique
                              de que su señor no es muerto.

Tamayo   Un Lázaro al natural
                           soy, que huelo como el mal
                           sepultado; mas, si es cierto
                              que don Manrique ha de ser
                           yerno tuyo, perdón pido.

Duque   Grande atrevimiento ha sido;
                           aunque me ha obligado el ver
                              vuestra lealtad.

Tamayo   Yo me obligo
                           de traerte a mi señor
                           luego aquí, si tu rigor
                           usa clernencia conmigo.
                              Diréle que vivo está
                           el de Fox, y que es su esposa
                           mi señora y tu hija hermosa.

Duque   Venid, pues; que importará,
                              para que se certifique,

| | que le desengañéis vos. |

| Tamayo | Tumba de mi muerte adiós |

| Armesinda | Amor, venció don Manrique. |

(Vanse todos. Salen don Gastón y Renato.)

| Renato | Fox, famoso don Gastón,
a don Manrique de Lara
reconoce. |

| Gastón | ¡Ah, suerte avara! |

| Renato | Mandóle el Rey de Aragón
que con sus armas y gente
por fuerza la conquistase,
y que con él se quedase,
y venciendo fácilmente
a don Guillén, de Tolosa
la posesión le ha tomado. |

| Gastón | ¡Ah, falso amigo! El estado
me quitaste con la esposa.
El cielo te dé un castigo
que a quien te conoce asombre.
pero bástate el de nombre
de falso y traidor amigo
Renato, yo me resuelvo
de ira Fox, porque el amor
que, como a propio señor
me tienen todos, si vuelvo
me dará su posesión |

Renato	Temeridad es aquesa.
	De la gente aragonesa
	tiene puesta guarnición
	el rey, y el tener por cierto
	que no vives, causa ha sido
	de no haberte perseguido.
Gastón	Su enojo y rigor advierto;
	pero dicen que mandó
	don Manrique que dejasen
	mis armas sin que borrasen
	lo que su traición borró,
	y que de Fox no ha querido
	llamarse conde; y mi muerte
	fingió sentir de tal suerte,
	que pienso que fue fingido
	que va a asolar a Narbona
	en mi venganza.
Renato	Con eso
	querrá encubrir el exceso,
	que su deslealtad pregona,
	en que después no no le culpe
	el mundo.
Gastón	Tú dices bien;
	aunque la fama también
	su falsa amistad esculpe
	en el bronce de su afrenta,
	que nunca se ha de borrar.
Renato	Tu muerte ha de procurar,
	sin duda; porque si intenta
	ser esposo de tu dama

y conde de Fox, ¿quién duda
que se asegure y acuda
a desmentir a la fama
   que en viviendo tú, ha de ser
su infamia?

Gastón   De aqueste modo,
si soy desdichado en todo,
¿adonde he de ir, qué he de hacer?
   No puedo huir a Aragón,
porque es su rey mi enemigo;
Fox, anuncia mi castigo;
Narbona fue mi prisión.
   Estoy por darme la muerte.

Renato   Una pobre fortaleza
me dio la naturaleza,
y, aunque pequeña, harto fuerte.
   Ésa te ofrezco y la vida.

Gastón   Aunque la mía aborrezco,
yo la admito y agradezco.
Español, mi agravio pida
   al cielo venganza tanta,
que de esta injuria te acuerdes.
La vida pierdas, pues pierdes
la ley inviolable y santa
   de la verdad pura y clara,
aunque en la necesidad
dicen que trae la amistad
a las espaldas la cara.

(Vanse don Gastón y Renato. Salen doña Violante y don Manrique de luto
en cuerpo, y soldados con ellos.)

Manrique   Nunca olvida los agravios
la ley de la cortesía
entre los nobles y sabios;
ni la merced de este día
es bien que solos los labios
    la agradezcan, que el venir
a honrar vos el campo nuestro,
basta, señora, a impedir
aqueste rigor que os muestro.
Hoy no se ha de combatir,
    aunque muerto don Gastón,
y corriendo por mi cuenta
su injusticia, inútil son
conciertos, si el Duque intenta
el darme satisfacción

Violante   Conde, ni está la ciudad
tan sola de armas y gente,
que miedo Ó necesidad
la obliguen; ni hay quien intente
en ella que la amistad
    rompáis, que con don Gastón
tuvísteis. Solo he venido
a desmentir la opinión
que de su muerte ha tenido
Narbona, Fox y Aragón.
    Si aqueste luto es señal
del honrado sentimiento
de un amigo tan leal,
trocadle hoy por el contento,
a vuestra tristeza igual.
    Don Gastón vive, que a ser
muerto, no tuviera vida

yo, pues aguardando ver
una paga agradecida,
soy amante, aunque mujer.
   Mi padre mandó matalle;
pero por mi industria huyó,
y el alcaide por liballe,
la muerte a otro preso dio
de su mesmo cuerpo y talle.
   Dióme palabra de ser
mi esposo por tal favor;
con que pudo entretener
mis esperanzas, y amor
y vos la experiencia hacer
de esta verdad.

Manrique   Será poco,
si vive, que mi contento
me fuerce a volverme loco;
pero duda el pensamiento.

Violante   Si a creerme no os provoco,
   dad, vos, traza para hacer
como os pueda asegurar.

Manrique   Sois, aunque ilustre, mujer;
y es de cuerdos el dudar,
si es de nobles el creer.

(Sale Tamayo.)

Tamayo   ¿Qué es de mi señor? El luto
deja, con que cubrir pueda
la tumba del cofre astuto:
ponte galas de oro y seda,

y paga al placer tributo.
    Don Gastón resucitó,
como yo resucité
del cofre en que me metió
tu amor. Todo aquesto sé
de Renato, que llegó
    a Narbona, y de su vida
ha dado cuenta a Aymerico.

Manrique   No hay quien mi contento impida,
si eso es cierto. Ya publico
la paz que mi guerra olvida.
    Hermosa doña Violante,
¡que está vivo don Gastón!
¡que es tu esposo! ¡que es tu amante!

Violante   Y por el rey de Aragón
lo serás de aquí adelante
    de Armesinda a quien te ofrece,
juntamente con la paz
mi padre.

Manrique   Mi dicha crece.
Amor ciego, hazme capaz
de tal bien.

Tamayo   ¿Qué te parece
de aqueste lacayo?

Manrique   Toque
otra vez templado el parche,
porque el pesar se revoque,
y a Narbona el campo marche.

Tamayo	Ya no temo rey ni roque.

Manrique	Den a los vientos librea
	los alegres estandartes,
	porque el Sol mis dichas vea,
	y entapicen por mil partes
	el aire que los desea;
	    que mañana haré testigo
	al mundo de cuán dichoso
	soy, pues a Armesinda obligo
	que me admita por su esposo
	sin ofensa de mi amigo.
	    Y vos, que sois el valor
	de Francia y restauradora
	de don Gastón y mi amor,
	triunfad en Narbona agora
	de este campo vencedor.

Violante (Aparte.)	Solo serviros procuro. (Si aquesto adelante pasa, por mentir, mi amor perjuro y con mi hermana se casa mis deseos aseguro, pues don Gastón pagará la vida que le ofrecí.)
Tamayo	Ese luto servirá de ornamento para mí, porque soy de requiem ya desde el entierro primero
Manrique	Vamos que vivo despúes a mi amigo ver espero, pues la media vida es

un amigo verdadero.

Tamayo

    Hoy me ha dado San Onofre
la vida que había perdido,
porque no hiciera Godofre
tal hazaña.

Manrique

        ¿Cómo?

Tamayo

            He sido
patriarca o patricofre.

Fin de la segunda jornada

Jornada tercera

(Sale don Gastón en hábito de peregrino.)

Gastón   Cuando de la inclemencia
que el cielo usa conmigo,
no sacara mi pena otro provecho
más que hacer experiencia
de un falso y doble amigo,
quedara, en mis desdichas, satisfecho.
Mis males prueba han hecho,
en sus adversidades,
de un vidrio que inconstante,
compraron por diamante,
pues son la piedra toque de amistades;
y fuera cosa nueva
hallar amigo en el trabajo a prueba.
    Sigue al cuerpo la sombra
cuando el Sol está claro,
mas huye si la nube se le opone.
¡Qué bien Ovidio nombra
sombra al amigo avaro,
que en solo el interés su amistad pone!
Pues por más que propone
seguir su adversa suerte,
si falta la ventura
huye en la noche escura,
que no hay palabra en la desdicha o muerte,
y fuera cosa nueva
hallar amigo en el trabajo a prueba.
    Vidrio fue don Manrique,
por más que le celebra
España, y sombra cuando yo Sol era.
¿Qué mucho que publique

ser vidrio que se quiebra,
y huya cual sombra en la ocasión primera?
A Fox gozar espera;
y sin que le avergüence
su amistad, a mi dama,
esposa y dueño llama;
que el interés las amistades vence,
y fuera cosa nueva
hallar amigo en el trabajo a prueba.
　　Huyendo voy a España,
pues de mi propia tierra
un falso amigo a desterrarme vino.
Solo Amor me acompaña,
que por hacerme guerra,
ni le vence el ausencia ni el camino.
Cual pobre peregrino,
ando a buscar un hombre
que convenga conmigo,
y siendo firme amigo,
las obras correspondan con el nombre;
mas sera cosa nueva
hallar amigo en el trabajo a prueba.

(Salen Tamayo y dos criados, de camino.)

Tamayo　　　　　Yo me adelanto a prevenir la cena
y la posada, mientras don Manrique,
entre las sombras de estas alamedas,
pasa la siesta que hace calurosa;
que entramos ya en España, y las posadas
son tan malas en ellas, que no haciendo
aquesta diligencia, no hallaremos
qué cenar, y me envida el hambre el resto.

Criado I   A Zaragoza llegaremos presto.

Tamayo   En aplacando el Sol su furia un poco,
                avisen a mi amo, si durmiere,
                y díganle que voy a apercebirle
                sábanas limpias.

Criado II   ¡Plegue a Dios las halles!

Tamayo   Sí no están limpias, estarán al menos
                rociadas y dobladas, que es costumbre
                de España durar limpias unas sábanas,
                sirviendo cada noche de esta suerte,
                seis meses sin lavarse.

Criado I   ¡Ay, hosterías
                de Italia y Francia!

Tamayo   ¡Ay, carne y pan de España,
                y vino de mi santo, cama blanda,
                adonde duermo como en seis colchones!
                ¿Qué cama puede haber en un camino
                como una bota de oloroso vino?

Criado I   Si te has de adelantar, ¿qué aguardas?

Tamayo   Nada;
                pico el frisón y parto como un rayo.

(Vase Tamayo.)

Criado II   ¿Mas qué te hallamos como ayer; Tamayo?

(Sale don Gastón.)

Gastón	Tamayo oí decir, y don Manrique.
	¡Válgame Dios! Si dicen que en Narbona
	con Armesinda había de casarse,
	¿qué puede ser la causa de que agora
	a Francia deje, y, a Aragón camine?
	Saberlo quiero. ¡Ay, rigurosos cielos,
	si se acabasen mi temor y celos!
Criado I	Sed tengo, y el calor hace excesivo.
Criado II	Si tienes sed, aquí corre un arroyo,
	riéndose de ver que no la mates.
Criado I	¿Yo agua? ¿Yo en mi tripa sabandijas?
	¡Maldiga Dios quien casa de aposento
	le diere en ellas. Oye, un peregrino
	me ha deparado Dios. Monsiur, si acaso
	la hermana calabaza sufre ancas,
	¿quiero dejarme darla un par de soplos,
	y probando si es bueno su zumaque,
	pues va a San Jaque, le daremos jaque?
Gastón	Holgárame de estar tan prevenido,
	que trujera con qué refrigeraros;
	pero voy tan ajeno de mi gusto,
	que no me acuerdo de estas prevenciones.
Criado I	¡Maldiga el cielo, amén, a peregrino
	que puede andar sin el bordón del vino.
Criado II	¿Vais o venís de España?
Gastón	A Monserrate

voy y a San Jaque, y pienso que os he oído
decir que va a Aragón desde Navarra
don Manrique de Lara.

Criado II   ¿Conocéisle?

Gastón   Tengo noticia de él.

Criado I   A Zaragoza
vamos con él, adonde el rey intenta
ser su padrino, y celebrar las bodas
de la hermosa Armesinda; que a esta causa
habrá dos días que su padre, el duque,
partió con ella para Zaragoza,
y con doña Violante, hermana suya,
porque el rey de Castilla, Alfonso Octavo,
con el Rey de Aragón y el de Navarra
quiere verse en Monzón, y todos juntos
hacer guerra a los moros andaluces.
Han convidado al duque de Narbona
a esta guerra; y así para más honra
quiere casar su hija en su presencia,
echando el sello a sus venturas todas,
pues se han de hallar tres reyes a sus bodas.

Gastón (Aparte.)   (¡Ah, cielo riguroso!) ¿Y por qué causa
don Manrique no va en su compañía?

Criado II   Porque pensó partir a Fox primero
que a Aragón; mas después le ha parecido
que queda bien seguro; que quien ama,
siglos eternos los instantes llama.

Gastón   ¿Podríale yo hablar?

Criado II	En despertando,

Criado II   En despertando,
¿por qué no? Bien podéis mientras enfrenan
los caballos que agora están paciendo.
Pero ya ha despertado, e imagino
que querrá caminar, aunque la siesta
el rigor de su fuego multiplica
más donde pica Amor, el Sol no pica.

Gastón (Aparte.)   (¡Buena ocasión se ofrece de vengarme!
Agravio, yo os haré agora testigo
de que sé castigar mi falso amigo.)

(Sale don Manrique.)

Manrique   ¿No es hora ya de caminar, hermanos?
Enfrenad y partamos.

Criado I   Es temprano,
y el calor es terrible.

Manrique   Ya lo veo,
mas, ¿quién tendrá las riendas al deseo?
¡Ah, cielos! ¡Quién supiera de mi amigo!
Que el no saber a donde está, deshace
en parte el gusto de mi alegre boda.
¡Depáramele, Amor! Será cumplida
mi dicha, que sin él está partida.
¿No vais por los caballos?

Criado II   Vamos. ¡Hola!

Criado I   Aqueste peregrino quiere hablarte.

Manrique	Querrá alguna limosna. Enfrena, parte.

(Vanse los criados. Don Manrique habla a don Gastón que llega encubrién-
dose.)

Manrique	¿Sois francés?

Gastón	No tengo tierra.

Manrique	¿Cómo no?

Gastón	La que tenia días ha ya que no es mía.

Manrique	¿Por qué?

Gastón	Porque me destierra un falso amigo hecho al temple aunque al olio pareció que una borrasca borró y obliga a que se destemple la pintura, que entendí fuera eterna; mas no dura la amistad ni la pintura en el trabajo.

Manrique	Es así. ¿De dónde sois?

Gastón	Tal estoy por un tirano interés, que no sé si soy francés aunque dicen que lo soy.

Manrique	¿Cómo?

Gastón   Vuelvo a dudar luego;
porque mudó el tiempo vano
un amigo castellano,
que ya en la lealtad es griego.

Manrique   Alto: vos no os declaráis.
Tomad, y adiós, que ya es tarde.

(Dale limosna, y mira mucho don Gastón lo que le ha dado.)

Gastón   De quien sois hacéis alarde.

Manrique   Un doblón es; ¿qué miráis?

Gastón   Miro, aunque me maravillo
el doblón que me habéis dado.
¡Doble el dueño y él, doblado!
Más os quisiera sencillo,
   y no salieran tan claras
mis desdichas; mas ya son
del modo que vos, doblón,
los amigos de dos caras.
   En despreciaros me fundo
hasta que ya el tiempo os borre,
que sois falso, y ya no corre
otra moneda en el mundo.

Manrique   ¿Falso ése?

Gastón   El dueño me induce
a que le pierda el decoro,
que aunque reluce, no es oro

todo aquello que reluce.
Amigos hay de apariencia
de oro, que en viendo pobre
al amigo son de cobre.
Ya yo he visto la experiencia.
    Ya no hay Eneas, ni Acates,
porque el engaño alquimista,
cadenas hace a la vista
de oro de mil quilates,
    pero son hierro; y no yerro,
que ya la amistad más buena
se dura como cadena
con ser amistad de hierro.

Manrique (Aparte.)   (O habla aqueste conmigo
                      o está loco.)
(Conócele.)   ¡Don Gastón,
                      amigo del corazón!

Gastón   ¡Nombre me ofreces de amigo,
                          traidor, cuando fama cobras
                      de la deslealtad que labras!
                      De amigo son tus palabras,
                      y de enemigo tus obras.
                          Cuando usurpando mi estado,
                      con el de Aragón conciertas
                      mi muerte, por gozar ciertas
                      tus traiciones; cuando has dado
                          de esposo palabra y mano
                      a Armesinda, cuyo pecho,
                      casa de aposento ha hecho
                      el alma que lloro en vano;
                          porque tu traición traspasa
                      la amistad que ya atropella,

y por quedarte tú en ella,
echas al dueño de casa;
    ¿Cuando me vas a quitar
mi esposa, amigo me llamas?
¿No echas de ver que te infamas
cuando me vienes a dar
    ese nombre, pues con él
pierdes de amigo el decoro?
Mas quieres parecer de oro,
y no eres más que oropel.
    La media vida te di
el día que a tu amistad
te admitió mí voluntad,
y ésa he de quitarte aquí;
    aunque por haber estado
con otra media que es tuya,
es razón que de ella huya,
porque se le habrá pegado
    la peste de la traición
que tu esperanza hace ufana;
y como está la mía sana,
huye de tu contagión.
    Mas, por lo que a España debo,
cuyos nobles naturales,
por amigos y leales
los aventajo y apruebo;
    por lo que a mi amor obliga,
y porque a ti te está bien,
a trueque que no te den
nombre de traidor, ni diga
    el mundo en tu deshonor,
haciendo tu culpa clara,
que don Manrique de Lara
a su amigo fue traidor;

aquí con mortal castigo
sepultaré tu deshonra,
que quiero volver por tu honra,
por lo que fuistes mi amigo.

Manrique   Y yo sufrir tus agravios,
porque soy tu amigo, quiero,
sin desnudar el acero
ni la lengua; que los labios
   tienen su enojo con llave,
y yo no apruebo ni sigo
el amigo que a su amigo
sufrir injurias no sabe.
   Y así, aunque me has injuriado
con la traición que me indicias,
yo te perdono, en albricias,
don Gastón, de haberte hallado.
   ¿Yo te he usurpado tu tierra?
Vé a Fox para que divises
si en vez de tu Flor de Lises
han puesto la paz o guerra
   las dos calderas, que son
las armas con que honra el cielo,
desde don Diego Porcelo,
los Laras y su blasón.
   ¿Qué alcaidías he mudado?
¿Qué tributos he cogido?
¿Qué servicios he pedido?
¿Qué monedas he labrado?
   ¿Qué escritura hay que publique
lo que tu pasión afirma
adonde diga la firma:
«Conde de Fox, don Manrique.»
   No hallarás, sino es cobrado,

tu patrimonio perdido;
el de Tolosa, vencido,
y el de Narbona, obligado
    darte a doña Violante,
a quien si de esposo diste
tu palabra, cuando fuiste
libre por su amor constante,
    ¿qué mucho que intente ser
esposo de quien no puedes
serlo tú, sino es que quedes
por perjuro? Tu mujer
    es doña Violante, y yo
tan tuyo, que la experiencia
hizo prueba en mi paciencia;
pues ni la mano sacó
    la espada, haciendo testigos
mis agravios, ni han bastado
a que no te haya enseñado
cómo han de ser los amigos.

Gastón   Si todos como tú son,
¡maldiga Dios la amistad!
¿Probarás tu lealtad
con el rey, que en Aragón
    te dio sus armas y gente
para que a Fox conquistases,
y con él te levantases?
Dirás que la fama miente;
    que pues dices que yo di
a doña Violante mano
de esposo, dirás que en vano
puedes persuadirme así.
    Pero ni quiero creerte,
ni manchar mi noble acero

en tu sangre; solo quiero
que vivas, pues en tu muerte,
   la infamia que tu honra priva
morirá; y será mejor
dejarte vivo, traidor,
para que tu infamia viva.
   Viva, que si en ti vivió
de mi vida la mitad,
que tu rompida amistad
tan presto del alma echó,
   hoy darte vida he querido,
aunque el enojo me abrasa,
por no derribar la casa
que por huésped me ha tenido.

Manrique   Pues ¡vive Dios que esta vez,
aunque tu furia me ofenda,
no ha de romperse la rienda
de mi paciencia, y que juez
   tienes de ser y testigo
de mi amistad; y aunque tuerza
hoy mi inclinación, por fuerza
has de ver que soy tu amigo.
   ¡Hola!

(Salen los dos criados.)

Criado I   ¡Señor!

Manrique   Esa espada
quitad a ese peregrino.

Gastón   ¡Ah, traidor! Bien imagino
lo que tu amistad doblada

          intenta. A Aragón me lleva,
          porque su rey me dé muerte.

Manrique Mas para que de esta suerte,
          haciendo bastante prueba
            de mi amistad, sean testigos
          cuantos han visto mi amor,
          que ha enseñado mi valor
          cómo han de ser los amigos.

(Vanse todos. Salen el Rey de Aragón, el Duque, doña Armesinda, y doña
Violante.)

Rey   Un buen día habéis dado a Zaragoza,
          famoso Duque, pues de la belleza
          de vuestras celebradas hijas goza.

Duque   Su humildad favorece vuestra alteza.

Rey   Vuestra vejez con verlas se remoza.
          Mucho debéis a la naturaleza,
          pues cuanto pudo dio a vuestra ventura:
          a vos, valor, y a ellas, hermosura.
            Ya tengo envidia al conde don Manrique
          y lástima notable al de Tolosa;
          al uno, en que vuestro hijo se publique;
          y al otro, en que no goce tal esposa.
          Mas si queréis que lo que siento explique,
          vuestra suerte con él es venturosa,
          pues si Armesinda es Fénix en belleza,
          él es Sol en valor y gentileza.
            Yo, señora, he de ser padrino vuestro,
          que estimo y amo mucho a vuestro amante.

Armesinda	La obligación callando, señor, muestro con que os debo servir de aquí en adelante.
Rey	Como el tiempo me hizo en amor diestro, casi imagino ya, bella Violante, que me pedís que a don Gastón reciba en mi amistad y gracia. En ella viva, pues que vive por vos, y don Manrique, ejemplo de amistad, único y raro, a Fox le entregue, y Aragón publique que está en mi protección y real amparo; pues cuando de la paz se certifique, volviendo a ver el Sol otra vez claro, de sus trabajos y prisión pasada, vendrá a cumpliros la palabra dada.
Violante	Beso tus pies.
Rey	Ya viene el de Castilla a ver el Pilar santo, consagrado por la Reina del Cielo, cuya silla tiene su asiento sobre el Sol dorado. Quiere hacer guerra al moro de Sevilla, que, soberbio, las parias le ha negado, y que Navarra y Aragón acuda para tan santa empresa a darle ayuda. En pago del socorro de esta guerra le he de pedir que tornen los de Lara a su antiguo valor.
Duque	El que se encierra en vuestra alteza, ese favor declara.
Rey	Si don Manrique vuelve a ver su tierra,

y en sus estados otra vez le ampara,
a instancia mía, el rey, duque Aymerico,
tendréis un yerno valeroso y rico.

Duque   Teniendo a vuestra Alteza por padrino,
¿qué mucho que a su patria restaurado
se vuelva don Manrique?

Rey   Yo imagino
que le he de ver como merece, honrado.
Cansado vendréis, duque, del camino.
En mi palacio estáis aposentado.
Andad con Dios, y descansad, que es tarde.

Duque   Mil años, gran señor, el cielo os guarde.

(Vanse el Duque y sus hijas. Salen don Manrique y don Gastón, de peregrino y quédase don Gastón a un lado.)

Manrique (Aparte.)   (Bien sé que ha de costarme vida o seso
lo que hoy intento hacer por un amigo,
y que espantando al mundo mi suceso,
tiene de ser de mi valor testigo;
mas piérdase la vida, pues profeso
la amistad, cuyas leyes guardo y sigo,
que aunque la vida es mucho, estimo en poco
quedar por un amigo, muerto o loco.)

Rey   ¿Qué es esto, don Manrique? ¿En Zaragoza
vos, y tan triste, la color perdida?
Cuando Armesinda vuestra dicha goza,
tan amada por vos y pretendida;
cuando aguardaba de la gente moza
la nobleza alegrar vuestra venida,

con señales de fiesta y de contento,
¿tan triste, vos? Decidme el fundamento.

Manrique   Dame los pies, gran señor,
y no te admire el suceso
de la novedad que ves
y tristeza con que vengo;
que una determinación
despachada en el consejo
de amistad y sentenciada
en mi daño y mi provecho,
me trae a tus pies confuso.

Rey   Levantáos, conde, del suelo,
y sin hablar por enigmas,
saciarnos, que estoy suspenso.

Manrique   Ya sabes, Rey poderoso,
lo que al conde de Fox debo
y la amistad que con él
tantos años ha profeso.

Rey   Ya sé que Francia y España
os celebra por ejemplo
de la amistad inviolable,
que en vos ha hallado su centro.
Si porque el de Fox está
sin estado y en destierro
por mi causa, don Manrique,
hacéis aquesos extremos,
ya yo, olvidados enojos,
por vuestra ocasión, le he vuelto
a mi gracia y amistad,
y que goce otra vez quiero

a Fox y a doña Violante,
a quien, cuando estuvo preso,
dicen que dio fe y palabra
de esposo...

Manrique   ¡Pluguiera al cielo!
También sabes el amor
que a Armesinda bella tengo,
desde que vi su hermosura
en Narbona.

Rey   Sí; ¿a qué efecto
me hacéis tantas prevenciones,
pues ella y su padre mesmo
han venido a celebrar
vuestro alegre casamiento?

Manrique   Gran señor, mi amigo el conde
ha seis años que en deseos
a su hermosura dedica
el alma y los pensamientos.
Yo le prometí casarle
con ella, y en el torneo
maté al conde de Tolosa
causa de tantos sucesos.
Y aunque, cuando vi a Armesinda,
Amor encendió mi pecho
llamas que no han apagado
valor, ausencia, ni el tiempo,
ha resistido su furia
la amistad, a cuyo espejo
me miro para enmendar
en su cristal mis defectos.
Aquesto obligó mi amor

a padecer un infierno
de penas, sin esperanza
de alivio ni de remedio,
hasta que doña Violante,
por dar fin a sus deseos,
sospechas a mi amistad
y a don Gastón juntos celos,
me engañó con persuadirme
que el noble agradecimiento
del conde, libre por ella,
le obligó con juramento
a ser su esposa. Creílo;
y advirtiera, a ser discreto,
que la mujer y el engaño
caudal a la parte han puesto.
Entré en Narbona de paz;
y quedando satisfecho
de que dejaba en su fuerza
la amistad que estimo y precio,
concerté mis desposorios
en ella, por ver que en ellos
mi padrino habías de ser.
Vino el duque, y quiso el cielo,
dilatando mi llegada,
que no bastasen enredos
a poner mi fama y honra
en manos del vulgo necio.
Encontré de peregrino
a don Gastón, que creyendo
lo que en mi agravio la fama
publicaba, y no advirtiendo
mis satisfacciones, viene,
si es licito, en son de preso
para que sus ojos vean

lo que por él hacer quiero.
Invicto rey de Aragón,
cartas de Castilla tengo
en que me perdona el rey,
y levantando el destierro
a los de mi noble sangre,
promete el volverme presto
mis tierras y patrimonio,
si olvidando enojos viejos,
con don Fernán Ruiz de Castro
amistad y parentesco
contraigo, dando a su hija
palabra de esposo y dueño.
Esto está bien a mi honra,
a lo que a don Gastón debo,
a mis parientes y amigos,
aunque ideal a mi deseo.
Si el amor que me has mostrado
con tan magnífico pecho;
las leyes de la amistad
y el remedio de mis deudos
te obligan, así a tus plantas
se postren los viles cuellos
de sarracenos alarbes,
tu nombre reconociendo,
que a Aymerico persuadan
mi intercesión y tus ruegos
a que a don Gastón admita
por hijo, que con aquesto,
desengañando a Armesinda,
mostrará el mundo en mi ejemplo
cómo han de ser los amigos,
tan raros en este tiempo.

Rey	Conde, cuando el rey Alfonso
	no me cumpliera el deseo
	que de veros con quietud
	ha tantos años que tengo;
	el valor que habéis mostrado
	y amistad digna de templos
	y altares, donde eternice
	la fama el renombre vuestro,
	me obliga a hacer vuestro gusto.
	Al rey de Castilla espero
	aquí. Podéis aguardarle.
Manrique	Prospere tu vida el cielo.
Rey	¿Adónde está don Gastón?
Gastón	A tus pies, señor, pidiendo
	que en tu gracia me recibas.
Rey	Levantáos, conde, del suelo,
	y alabáos de haber hallado
	un amigo verdadero,
	en la adversidad constante,
	que es milagro en este tiempo.
	Vamos, conde don Manrique,
	y hallaréis al Duque viejo
	y Armesinda.
Manrique	Gran señor,
	tengo amor, y temor tengo
	que he de perder el juicio
	si el tesoro hermoso veo,
	de quien siendo dueño propio,
	ha de gozar otro dueño.

Lágrimas ablandan mucho,
y al vaso más firme y recio
que resistió golpes grandes,
suele romper un pequeño.
Pasarme quiero a Castilla,
que imagino que no es cuerdo,
siendo vidro la amistad
quien osa ponella a riesgo.

Rey   ¿Pues no queréis aguardar
al Rey?

Manrique   Saldréle al encuentro;
y pediréle licencia
para volver a sus reinos.
Adiós, amigo del alma

Gastón   Yo, don Manrique, me precio
también, como vos, de amigo,
y si el casamiento acepto
de Armesinda, aunque la adoro,
es más por veros resuelto
de casaros en Castilla,
que por cumplir mis deseos;
que de otra suerte, bien sabe
el amor grande que os tengo,
que a trueco de vuestro gusto
me será gloria el tormento.

Manrique   Conde, esposo de Armesinda
habéis de ser. Yo lo quiero,
y estáis obligado a darme
gusto en todo.

Gastón	Yo lo acepto.
Manrique	Dadme, gran señor, licencia
Rey	A poner voy en efecto lo que os tengo prometido, y a publicar el extremo de vuestra firme amistad, porque sepa el siglo nuestro cómo han de ser los amigos.
Manrique	Tus invictas plantas beso.

(Vanse todos, quedando don Manrique solo.)

Manrique	Solos habemos quedado. ¿Qué habéis hecho, pensamiento? ¿Qué habéis hecho, amistad ciega? Alma loca ¿qué habéis hecho? Por dar la vida a un amigo, ¿es bien haberme a mi muerto? ¡Jesús! ¡qué extraña locura! Sin Armesinda ¿qué espero? ¿Dónde he de ir, que el rey Alfonso ni me perdona, ni el cielo quiere que a mi estado torne? Todo fue fingido enredo por casar a don Gastón con Armesinda. ¡Ay, tormento! Acabadme de matar. Necio he sido; sí. ¿No es necio quien da el alma? A lo que obliga un amigo verdadero es a dar la hacienda, el gusto,

la libertad y el sosiego;
¿pero, el alma? aqueso no.
Si era el alma de este cuerpo,
Armesinda, ya la he dado.
Sin vida estoy; ¡bueno quedo!
Loco estoy sin Armesinda;
pero, no es mejor que el seso
pierda un hombre que la fama?
Claro está. Loco soy cuerdo.
Más vale que muera yo;
mas, ¡ay rigurosos cielos!
que vivo para morir
de amor, de rabia y de celos.

(Sale Tamayo.)

Tamayo (Aparte.)   (¡Bravo lugar es aqueste!
Espantado de ver vengo
la soberbia de sus calles,
la riqueza de sus templos.
Mas mi señor está aquí.
¿Qué diablos tiene? Suspenso
se pasea, y suspirando,
la vista enclava en el suelo.)
¿Has merendado cazuela
para dar tantos paseos,
o hay moscones en la cola?

Manrique   Sin Armesinda, hay desvelos.

Tamayo   ¡Oigan! Pasear y darle.
¿Qué es aquesto, qué tenemos?

Manrique   Por mi culpa, por mi culpa.

Tamayo	«Y por tanto, pido y ruego a Dios y a Santa María, a San Miguel y a San Pedro...»
Manrique	¿Qué dices?
Tamayo	La confesión, por ayudarte.
Manrique	Confieso que estoy loco.
Tamayo	Yo, también. ¡Ay, celemines! ¿Qué es esto? Respondedme.
Manrique	¿Qué respuesta te tiene de dar un muerto?
Tamayo	¿Tú estás muerto?
Manrique	Sí.
Tamayo	¿Y con habla?
Manrique	No hablo yo.
Tamayo	¿Pues?
Manrique	Mi tormento.
Tamayo	Ya filosofisticamos. ¡Trabajo tiene el celebro!

Manrique	Ven acá. Cuando da el alma un hombre ¿no queda muerto?
Tamayo	Así lo dijo un albéitar, tomando el pulso a un jumento.
Manrique	¿Un amante no da el alma a su dama?
Tamayo	Ese argumento traen siempre los boquirubios, pero no los boquinegros; porque, ¿cómo puede estar sin alma un hombre?
Manrique	Eres necio porque el alma de su dama se pasa luego a su cuerpo
Tamayo	¿Pues es casa de alquiler?
Manrique	¡Oyete, loco!
Tamayo	Hable, cuerdo.
Manrique	Pues si el alma de Armesinda vivía dentro en mi pecho, y a don Gastón se la he dado, muerto estoy.
Tamayo	El tema es bueno.
Manrique	Digo que no tengo vida.

Tamayo	Mas que no la tengas. ¡Quedo!
Manrique	Entiérrame.
Tamayo	Vuelve en ti, por amor de Dios.
Manrique	¡Oh, ejemplo de ingratos! ¿la sepultura me niegas?
Tamayo	Yo no la niego, sino reniego, señor. ¿Qué has comido? ¿Si los berros de anoche te hicieron mal?
Manrique	Entiérrame.
Tamayo	Ya te entierro. (Quiero seguille el humor.) ¿No te has de echar en el suelo?
Manrique	¿Qué más echado me quieres, si a mal mis venturas echo?
Tamayo	El primer difunto en pie eres que vio el siglo nuestro. Ahora bien; ya entran en casa tus parientes y tus deudos, todos cubiertos de luto.
Manrique	Válgame Dios! ¡Que honre a un necio, muerto por sola su culpa,

tanta multitud de cuerdos!
Mas sí; que la necedad
es la honrada en estos tiempos,
y muertos, todos son unos
los necios y los discretos.

Tamayo   Los niños de la doctrina
vienen. Ya entran acá dentro.
¡Oh, qué de sarna que traen!

Manrique   ¿De la doctrina son éstos?

Tamayo   ¿No lo ves?

Manrique   Por dar doctrina
a los amigos, me quedo
cual niño de la doctrina,
amigo Tamayo, huérfano.

Tamayo   Las Órdenes Mendicantes
vienen.

Manrique   No entren acá dentro.

Tamayo   Aguarden, Padres.

Manrique   ¿Qué orden
tendrán ya mis desconciertos?

Tamayo   Aquesta es la Cofradía
de la Soledad.

Manrique   Discreto
fuiste en traerla, pues solo,

	sin Armesinda, padezco.
Tamayo	Aquésta es de la Pasión.
Manrique	Será la de mis tormentos.
Tamayo	Estotra es de los Dolores.
Manrique	Terribles son los que siento.
Tamayo	La Caridad, que a los pobres entierra.
Manrique	Bien lo merezco que, por dar, pobre he quedado, que me compares con ellos. Mas oye, ¿no hay Cofradía de la Amistad?
Tamayo	En el cielo; que aquí hay muy pocos cofrades, y ésos son al uso nuevo.
Manrique	¿Pues no soy cofrade yo?
Tamayo	Y aun mayordomo de necios, pues, estando vivo, cumples las mandas del testamento. ¡Ea! Si te has de enterrar, y estás difunto, no hablemos. Los pobres son de las hachas.
Manrique	¿Cuáles son los pobres?

Tamayo	Salíos al zaguán, hermanos.
	¡Ea! salid; acabemos;
	que es muy estrecha esta sala,
	y no huele bien el cuerpo.
	Los clérigos vienen ya
	de la parroquia. ¿daremos
	las velas?
Manrique	Bien puedes darles
	las velas de mis desvelos.
Tamayo	Tome cada cual la suya,
	desde el cura hasta el perrero
	No toméis dos, monacillo.
	¿Escondéislas? Ya lo veo.
	¡Ea! que el responso cantan.
	¿Quieres que sea el Memento,
	o el Peccatem me quotidie,
	responso de majaderos?
Manrique	Si el Memento es acordarse,
	y peno cuando me acuerdo
	la hermosura que perdí,
	canta olvidos, que eso quiero.
Tamayo	¡Va!
(Canta.)	Peccatem me quotidie.
	¿Quién me ha metido en aquesto?
	Pero, ¿qué tengo de hacer?
Manrique	Canta.

Tamayo	Ya va. Quia in inferno..
	Tamayo, ¿tú sacristán?
Manrique	¿No cantan?
Tamayo	Nulla est redemptio.
Manrique	Tienes razón, que no tienen
	ya mis desdichas remedio.
	¡Ay, Armesinda del alma!,
	¿qué he de hacer sin ti?
Tamayo	¡Silencio!
	¡Que no ha de hablar un difunto!
	¡Cuerpo de Dios, vaya el cuerpo!
	Ya doblan en la parroquia.
	¿No escuchas el son funesto?
	Oye: «din, dan, din, don, dron».
Manrique	Todo eso puede el dinero.
Tamayo	Ya cantan la letanía.
	Sancte Petre, ora pro eo;
	kyrie eleison; Christi eleison;
	kyrie eleison.
Manrique	¡Ay, confusos devaneos!,
	dejadme ir a morir, pues que ya dejo
	de mi firme amistad al mundo ejemplo.

(Vase don Manrique.)

Tamayo	Él se ha ido, y me ha dejado
	con el gasto del entierro.

Voy a buscarle. ¡Ay, Amor!
Hijo, al fin, de un dios herrero,
todo lo yerras, como él.
Ir tras de don Manrique quiero,
y dar cuenta a don Gastón
del peligro en que le ha puesto.
El que quisiere enterrarse,
yo soy el sepolturero.
Vengan, que chico con grande,
enterraré a real y medio.

(Vase Tamayo. Salen el Rey de Aragón y el Duque.)

Rey   Duque, aquesto os importa, y yo os lo ruego.
El condado de Fox casi confina
con el ducado vuestro de Narbona.
No hay quien en Francia aventajaros pueda,
si de estos dos estados hacéis uno.
Cumpliendo aquesto, quedaré obligado,
contento el conde, y vos, rico y honrado.

Duque   Señor, si don Manrique vuelve a España,
y por casarse en ella el rey le vuelve
a su primer estado, no me espanto,
que aquesto y la amistad que debe al conde
le obligue a que el amor suyo reprima
por el valor, que como noble estima.
Engañóme Violante, y no me espanto,
amando al conde, porque don Manrique
quitase los estorbos a sus celos,
que me hiciese entender haberle dado
palabra don Gastón de ser su esposo;
que Amor, con ser rapaz, es cauteloso.
Yo le acepto por hijo, que a Armesinda

y a mí nos está bien; pues cuando el conde
no fuera tan ilustre, cuerdo y rico,
basta venir señor, por orden vuestra.

Rey   De vuestra discreción dais, duque, muestra.
Llamen a don Gastón.

Duque   Solo recelo
la pena y resistencia de Armesinda,
porque después que estos sucesos sabe,
hace extremos de loca.

Rey   Es obediente,
y forzarála el ver que yo intercedo
por el de Fox y que quedo obligado.

(Sale don Gastón, de galán, y un Criado después.)

Gastón   Dame, señor, aquesos pies.

Rey   Los brazos dad,
conde, al duque, de quien ya sois yerno.

Gastón   ¡Vivas, famoso rey, un siglo eterno;
y vos, duque y señor, con la corona
de Francia honréis la vuestra de Narbona.

Duque   Por lo bien que os está, lo deseara,
pues siendo mi heredero de importancia
os fuera agora el verme rey de Francia.

Criado   El rey Alfonso, octavo de Castilla,
encubierto ha venido a Zaragoza,
y ya a las puertas de palacio llega.

Rey	¡Válgame el cielo! a recibirle vamos. Duque, venid. Conde, venid, pariente.
Duque	Ya te seguimos.
Gastón	Cierta es ya mi gloria, pues ha salido mor con la victoria.

(Vanse todos. Salen doña Violante y doña Armesinda.)

Armesinda	Violante, mi muerte es cierta. ¡Ay, español enemigo! ¡Sola la ley de un amigo es bien que tu amor divierta! A poder cerrar la puerta mi amorosa voluntad a tu injusta liviandad, dejarte fuera mejor, pues no ama el que su amor no antepone a su amistad. Ordena Naturaleza que de su patria se aleje el hombre, y sus padres deje por la conyugal belleza; ¿y oblígate tu nobleza por un amigo a quebrar aquesta ley? Por amar bien pudieras ser traidor, que los yerros por amor dignos son de perdonar. ¿Qué he de hacer, Violante mía?
Violante	Dar consuelo a mis cuidados,

si pueden dos desdichados
hacerse así compañía.
El rey te casa este día
con don Gastón, y los cielos,
para darme más desvelos.
mi industria desbaratada,
te dan muerte, mal casada,
y a mí, de amor y de celos.
    ¿Que has de ser de don Gastón?
¿Que tu gusto has de rendir,
a mi pesar?

Armesinda   Por morir
he de admitir su afición.
Mi padre y el de Aragón
lo mandan. Soy desdichada,
y así la muerte me agrada,
aunque sea de esta suerte,
que no hay tan áspera muerte
como vivir mal casada.

(Sale Rosela.)

Rosela   Los reyes, señora, vienen
de Castilla y Aragón,
con el Duque y don Gastón.

Armesinda   Ya mis obsequias previenen.

Violante   ¡Qué mala salida tienen
mis deseos, y la hazaña
que mi amorosa maraña
intentó!

Armesinda	¡Ay, fiero Manrique!
	mi agravio España publique,
	porque te aborrezca España.

(Salen el rey de Castilla, el Rey de Aragón, don Gastón, el Duque y acompañamiento.)

Castilla	Por esto vine encubierto.
Rey	Prudencia notable ha sido,
	pues a no venir así,
	aunque nos prestara Egipto
	sus pirámides famosas;
	grana y mármol, Paro y Tiro;
	Grecia sus arcos triunfales,
	y Roma sus obeliscos,
	cualquiera recibimiento,
	por más suntuoso y rico,
	fuera de poco valor
	para el que hemos conocido
	en vuestra alteza.
Castilla	Ya sé
	que me ha de dejar vencido
	vuestra alteza en cortesía
	como en todo. Yo he venido
	a ver aquesta ciudad,
	cuyos nobles edificios,
	hermosura de sus calles,
	riqueza de sus vecinos,
	valor de sus caballeros,
	claro cielo y bello sitio,
	se aventaja al nombre y fama
	que sus grandezas ha escrito.

La capilla he visitado,
y en ella el Pilar divino
que a la cristiandad de España
dio milagroso principio.
¡Gran reliquia!

Duque   ¡Milagrosa!

Castilla   Yo os confieso que la envidio,
y que a gozarla en Castilla
viviera alegre, Aymerico.

Violante   Denos los pies vuestra alteza,

Duque   Mis hijas son, rey invicto,
y tus esclavas.

Castilla   Mejor
diréis ángeles divinos.
Alzad, señoras, del suelo,
que yo por cielo le estimo,
pues con tal belleza quedan
hechos sus Campos Elíseos.
¿De cuál de estas dos bellezas
ha de ser el de Fox digno
de llamarse esposo y dueño,
porque he de ser yo el padrino?

Gastón   Beso tus pies. Mi ventura
y la lealtad de un amigo,
tu vasallo, que a ser Dário,
vieras, señor, un Zopiro,
premia mi amor con hacerme
merecedor del Sol mismo,

119

que a los ojos de Armesinda
dio sus rayos cristalinos.

Violante (Aparte.) (¡Ay de mí, que tal escucho!)

Rey Vuestra alteza ha merecido
el vasallo más leal
que vio el mundo a su servicio.

Castilla ¿Cómo?

Rey ¿No ha alzado el destierro
y estados restituido
a don Manrique de Lara,
como a los bandos antiguos
de los Manriques y Castros?
Ponga fin, y siendo amigos,
se case con una hija
del conde de Castro.

Castilla Digo,
que aunque siempre he deseado
ese suceso infinito,
que nunca intenté tal cosa,
aunque por ese camino
me holgara ver el valor
de los Laras reducido
a su hacienda, patria y honra.

Gastón Todo esto, señor, ha sido
mayor lealtad y firmeza
de la fe de un firme amigo
y al fin, Manrique de Lara.

(Sale Tamayo.)

Tamayo
Lleve el diablo los amores;
porque por sus desvaríos
ha de andar de ceca en meca
la paciencia y el juicio.

Gastón
¿Qué es esto, Tamayo? ¡Quedo!

Tamayo
¿Qué quedo? ¡Cuerpo de Cristo!

Gastón
Que está aquí el rey de Castilla.

Tamayo
Aunque esté aquí Valdovinos.
¡Bueno has parado a mi amo!

Gastón
¿Cómo?

Tamayo
Los cascos vacíos,
busca quien vaya alquilarlos.
Con tanto extremo ha sentido
el renunciarte a Armesinda,
que, loco y desvanecido,
ha dado en decir que está
medio muerto y medio vivo.
Hame mandado enterralle;
Y —ia fe de quien soy!— que ha habido
que ver en la pompa y honra
de su funeral oficio.
Si te contara los gastos
de lutos, hachas y cirios,
fuera una gran tiramira.
Algo ha vuelto en su sentido,
y a mi persuasión está

121

sosegado, aunque en suspiros
se le va el alma a pedazos.
Tú, señor, la causa has sido.

Armesinda (Aparte.) (¡Ay; cielos!, si eso es verdad,
celebren los ojos míos
las desdichas de los dos.)

Castilla   Notable valor de amigo.

Gastón   Yo también tengo de serlo,
y con la hazaña que él hizo,
aunque la vida me cueste,
he de vencerme a mí mismo
Famosos y invictos reyes,
ilustre duque Aymerico,
goce mi amigo a Armesinda,
y sepa el presente siglo
que dura en él la amistad
que ensalzaron los antiguos
de un Pílades y un Orestes,
de un Teseo y un Perísteo.
Eneas soy y de este Achates,
de este Eurialo soy Niso,
y Picias de este Damón.
Con vuestra licencia pido
la mano a doña Violante,
por quien estoy libre y vivo,
que así su amor satisfago
y doy la vida a un amigo.

Rey   Mostráis, don Gastón famoso,
que los quilates subidos
del oro de la nobleza

vuestra sangre ha ennoblecido.
Yo ruego al duque que os dé
a doña Violante.

Duque   He sido
venturoso, gran Señor,
en cobrar tan nobles hijos.

Castilla   Traigan aquí a don Manrique,
que quien es tan buen amigo,
también será buen vasallo.
Aquí el cielo me ha traído
para que, alzado el destierro,
y vuelto a su estado, rico,
de su valor y lealtad hoy
Yo propio sea testigo.
Padrino suyo he de ser.

Violante   Mi esperanza se ha cumplido.

Armesinda   Loca de contento quedo.
Dejad el pesar, sentidos.
Pedid albricias al alma.

(Sale don Manrique.)

Manrique   Dame los pies, rey invicto,
que con tu presencia espero
cobrar el seso perdido,
pues el contento de verte
refrena mis desvaríos,
y no es poco refrenallos
mirando aquí lo que miro.

Tamayo	¿Acabóse el mal de madre?
	¿Hemos de enterrarte vivo,
	o podemos ya decir,
	«vuelve a casa, pan perdido»?
Castilla	Alzaos, conde, de la tierra,
	que por mis ojos he visto
	la nobleza y el valor
	de vuestras hazañas digno.
	No es bien que Castilla pierda
	la presencia de tal hijo,
	sus reyes tan gran vasallo,
	sus grandes tan gran amigo.
	Cuantos estados tuvieron
	vuestros padres, esos mismos
	os restituyo, volviéndoos
	a mi amor.
Tamayo	¡Manrique, vitor!
Manrique	Prospere tu vida el cielo.
Gastón	Don Manrique porque envidio
	el nombre que aquesta hazaña
	os ha dado hoy, he querido
	dar también claras señales
	de que, como vos, he sido
	amigo fiel y leal.
	Gozad años infinitos
	la belleza de Armesinda,
	que la mano y alma, rindo
	a doña Violante hermosa.
Duque	Ya es el conde su marido.

124

Dad a Armesinda la mano.

Manrique

Si de pesar el juicio
perdí, ¿cómo no le pierdo
de contento y regocijo?
Sol de Francia, perdonad
si es que juzgáis por delito
el anteponer a amor
la lealtad de un fiel amigo,
y dadme esa blanca mano.

Armesinda

Siempre el pasado peligro
en el contento presente
se olvida, conde. Yo he sido
en los fines venturosa,
si infeliz en los principios,
y vos, mi señor y dueño.

Castilla

Porque las guerras que ha habido
entre Aragón y Castilla
tanto ha, sobre el señorío
de Molina de Aragón
se acaben, yo determino
dar el derecho que tengo
en aqueste estado rico
a don Manrique de Lara.

Rey

Yo también le doy el mío.

Tamayo

Nuestra es Molina. ¡Pardiós!
Que en ella labro un molino.

Manrique

Con callar pago mejor
tantas mercedes.

Castilla	Venido he a Aragón por el socorro que contra el alarbe pido a vuestra alteza, y quisiera irme luego.
Rey	Apercibidos tengo veinte mil soldados, y el de Navarra he sabido que acudirá con diez mil brevemente.
Castilla	Pues yo elijo por alférez general de aquesta guerra a Aymerico, que de su larga experiencia felices sucesos fío.
Duque	Beso tus pies, gran señor.
Castilla	Los dos seremos padrinos. Vuestra alteza, de Armesinda, y yo, de Violante.
Rey	Digo, que soy contento.
Tamayo	Y Tamayo se queda en perpetuo olvido, sin darle una sed de agua... mal dije —una sed de vino.
Manrique	Pide lo que tú quisieres.

Tamayo	Pues si lo que quiero pido, es por mujer a Rosela, y ser tu caballerizo.
Manrique	Lo postrero yo lo acepto.
Rosela	Yo lo segundo, suplico.
Armesinda	Alto, pues.
Tamayo	Caballeriza eres. Tu gusto he cumplido.
Rey	Venid, condes valerosos, que dejáis ejemplos vivos, en que los hombres aprendan cómo han de ser los amigos.

Fin de la comedia

Libros a la carta

A la carta es un servicio especializado para
empresas,
librerías,
bibliotecas,
editoriales
y centros de enseñanza;
y permite confeccionar libros que, por su formato y concepción, sirven a los propósitos más específicos de estas instituciones.

Las empresas nos encargan ediciones personalizadas para marketing editorial o para regalos institucionales. Y los interesados solicitan, a título personal, ediciones antiguas, o no disponibles en el mercado; y las acompañan con notas y comentarios críticos.

Las ediciones tienen como apoyo un libro de estilo con todo tipo de referencias sobre los criterios de tratamiento tipográfico aplicados a nuestros libros que puede ser consultado en Linkgua-ediciones.com .

Linkgua edita por encargo diferentes versiones de una misma obra con distintos tratamientos ortotipográficos (actualizaciones de carácter divulgativo de un clásico, o versiones estrictamente fieles a la edición original de referencia).

Este servicio de ediciones a la carta le permitirá, si usted se dedica a la enseñanza, tener una forma de hacer pública su interpretación de un texto y, sobre una versión digitalizada «base», usted podrá introducir interpretaciones del texto fuente. Es un tópico que los profesores denuncien en clase los desmanes de una edición, o vayan comentando errores de interpretación de un texto y esta es una solución útil a esa necesidad del mundo académico.

Asimismo publicamos de manera sistemática, en un mismo catálogo, tesis doctorales y actas de congresos académicos, que son distribuidas a través de nuestra Web.

El servicio de «libros a la carta» funciona de dos formas.

1. Tenemos un fondo de libros digitalizados que usted puede personalizar en tiradas de al menos cinco ejemplares. Estas personalizaciones pueden ser de todo tipo: añadir notas de clase para uso de un grupo de estudiantes,

introducir logos corporativos para uso con fines de marketing empresarial, etc. etc.

2. Buscamos libros descatalogados de otras editoriales y los reeditamos en tiradas cortas a petición de un cliente.